Nossrat Peseschkian

GOLDENE REGELN DER LEBENS-KUNST

Herausgegeben von
Christian Leven

HERDER

FREIBURG · BASEL · WIEN

© Verlag Herder GmbH, Freiburg im Breisgau 2012
Alle Rechte vorbehalten
www.herder.de

Gesamtgestaltung und Satz: Tina Lechner Grafik & Buchdesign, Stuttgart
Herstellung: fgb · freiburger graphische betriebe
www.fgb.de

Gedruckt auf umweltfreundlichem, chlorfrei gebleichtem Papier
Printed in Germany

ISBN 978-3-451-30633-4

Inhalt

Dort, wo Annäherungen stattfinden, ist es meistens sehr spannend. Grenzen öffnen sich, Systeme werden durchlässig, Übergänge ermöglichen den Austausch, etwas Neues entsteht. Zwar hat schon Goethe, fasziniert von der Entdeckung der reichen morgenländischen Literatur und Kultur, geschrieben, »Orient und Okzident sind nicht mehr zu trennen«, doch in der Person des Arztes (Psychiaters und Neurologen) und Psychotherapeuten Nossrat Peseschkian zeigt sich eindrucksvoll, wie sie nicht nur untrennbar, sondern eins geworden sind und neues Denken und Wirken in der Psychotherapie hervorgebracht haben.

Nossrat Peseschkian wurde 1933 im Iran geboren. Seine Familie wohnte in einem großen Mehrfamilienhaus in Teheran, das ein Sammelbecken nicht nur für islamische, jüdische und christliche Bewohner, sondern auch für Zarathustra-Anhänger und Bahá'í war. Die Bewohner betonten immer ihre Mitverantwortung für das Zusammenleben in ihrem Haus. Die Kinder genossen die Fest- und Feiertage aller Religionen, was meistens mit gutem Essen verbunden war. An zahlreichen Abenden wurde musiziert und alle Hausbewohner und deren Gäste waren in interessante Gespräche über Fragen der Religion, Wirtschaft und Geschichte, der Literatur und des Lebens vertieft. Hier wurde, so sagte er später, das

Fundament für die transkulturelle Psychotherapie gelegt. Die Bahá'í-Familien, zu denen sich auch die Familie Peseschkian zählt, waren und sind verpflichtet, ihre Kinder in acht bis neun unterschiedlichen Religionen zu unterrichten und zu erziehen. Denn sie sind von der mystischen Einheit der Religionen überzeugt und lehren die Einheit der Menschheit in ihrer Vielfältigkeit. Vom Islam seit 1848 offiziell getrennt, sind die Bahá'í als größte religiöse Minderheit in ihrem Ursprungsland Iran starker Verfolgung ausgesetzt.

Nossrat Peseschkian sah also schon in seiner Kindheit und Jugendzeit bis zum Abitur die Einheit in der Vielfalt stets vor seinen Augen und konnte sie später in seine therapeutische Arbeit mit einbeziehen.

Seit 1954 lebt die Familie in Deutschland. Nossrat Peseschkian studierte Medizin in Freiburg im Breisgau, Mainz und Frankfurt am Main. Seine psychotherapeutische Ausbildung erhielt er in der Bundesrepublik, in der Schweiz und in den Vereinigten Staaten. 1969 eröffnete Dr. Peseschkian als Facharzt für Neurologie, Psychiatrie und Psychotherapie eine Praxis in Wiesbaden mit den Schwerpunkten psychosomatische Medizin und Psychotherapie. Er wurde Dozent an der Akademie für ärztliche Fort- und Weiterbildung der Landesärztekammer in Hessen. Seine umfassenden Studien führten ihn zur Gründung der Positiven Psychotherapie und veranlassten ihn zur Einrichtung der Wiesbadener Akademie für Psychotherapie, deren Leiter er auch war. Seine intensive

Forschungs- und Lehrtätigkeit führte Professor Peseschkian in über 60 Länder. Er wurde »für seinen hervorragenden Beitrag zum Fortschritt des Gesundheitswesens« mit dem Richard-Merten-Preis ausgezeichnet.

Es ist ein Grundbedürfnis aller Menschen, ihr Glück zu suchen. Was aber das Glück ist, hat für jeden Menschen eine andere Bedeutung, denn jede Seele hat ihre besondere Sehnsucht. Und diesem Verlangen stellen sich nicht nur alltägliche Schwierigkeiten in den Weg, es braucht auch jeder Mensch seine Fähigkeiten, sie zu überwinden. So sind wir alle von Konflikten, Problemen und Schwierigkeiten im Verhältnis zu uns selbst, zu unseren Partnern, unseren Mitmenschen und schließlich zu unseren Lebenszielen betroffen. Es gibt darum ein Bedürfnis nach neuen Gesichtspunkten und Methoden der Psychotherapie und auch der Selbsthilfe, die ebenso wirksam wie praxisnah sind. Gesund ist eben nicht derjenige, der keine Probleme hat, sondern derjenige, der in der Lage ist, mit ihnen fertig zu werden.

Es wird uns aber selten gesagt, was man und wie man etwas besser machen sollte. Viel häufiger bekommt man zu hören, was man nicht machen soll. Man erzählt, dass sich die britische Königin Viktoria in einem Brief beklagte, fortwährend von ihren Erziehern ermahnt zu werden, was sie als zukünftige Königin nicht tun dürfe; was sie als zukünftige Königin aber machen soll und wie sie es machen soll, das erkläre ihr niemand. Das gleiche Prinzip finden wir in der Psychotherapie und der Medizin. Man spricht von Krankheiten und setzt stillschweigend voraus, dass der gesund ist, dem Krankheit fehlt. Freud schrieb: »Erst, wenn man das Krankhafte studiert, lernt man das Normale verstehen.« Eine Folge dieses Konzeptes ist, dass man sich zwar damit beschäftigt, was man gegen die Krankheiten tun kann, weniger aber damit, was sich für die Gesundheit tun lässt. Unsere zwischenmenschlichen Beziehungen, die Partnerschaft und die Erziehung gehorchen allem Anschein nach in weitem Maße diesem Konzept. Und dieser Entwicklung folgt der Ärger, wie dem Gebet das Amen.

Aus einem anderen Kulturkreis kommend, wurde Nossrat Peseschkian in Europa lebend auf die Bedeutung psychosozialer Normen für die Sozialisation und Entstehung zwischenmenschlicher und innerseelischer Konflikte aufmerksam. Dabei fand er sowohl bei orientalischen als auch bei europäischen und amerikanischen Patienten hinter den bestehenden Symptomen in der Regel Konflikte, die auf eine Reihe immer wiederkehrender Verhaltensnormen zurückgehen. Er begann, diese Verhaltensnormen herauszuarbeiten und ein Inventar zu erstellen, mit dessen Hilfe sich die zentralen Konfliktbereiche beschreiben lassen. Für diese Verhaltensnormen führte er den Begriff »Aktualfähigkeiten« ein. Dieser Begriff beinhaltet Normen, die in unseren täglichen zwischenmenschlichen Beziehungen wirksam sind und daher fortwährend aktuelle Bedeutung haben. Die Aktualfähigkeiten haben somit hohe und wirksame Konflikt- und Entwicklungspotenziale. Dabei haben wir es nicht mit irgendwelchen geheimnisvollen Fachbegriffen, sondern mit Normen und Verhaltensweisen zu tun, mit denen jeder Mensch tagtäglich konfrontiert wird. Was steckt dahinter, wenn wir uns ärgern, Zorn über einen Menschen empfinden, uns empört zurückziehen, uns benachteiligt fühlen, aus der Haut fahren möchten und dergleichen mehr? Indem er dieser Frage nachging, hat er hinter den Beschwerden und Konflikten von Patienten und Klienten die inhaltlichen Bedingungen dieser Konflikte zu erfassen versucht. Nach mehrjähriger Forschung konnte er ein Inventar primärer und sekundärer Aktualfähigkeiten der weiteren Arbeit zugrunde legen.

Bemerkenswert ist, dass nahezu jeder Mensch mit den Aktualfähigkeiten umgeht, ohne dass ihm in allen Fällen bewusst wäre, was sie bedeuten. Unsere heutige Zivilisation basiert auf typischen Erscheinungsformen. Aus dem eigenen Fähigkeitspotenzial der Erkenntnisfähigkeit und der Liebesfähigkeit eines jeden Menschen entwickeln sich im Zusammenleben einer Familie soziale Normen und Spielregeln, die – weil sie aktuell im täglichen Leben wirksam sind – als Aktualfähigkeiten bezeichnet werden. Diese werden aber erst im Laufe der Sozialisation durch Lernerfahrungen entwickelt, ergänzt, entfaltet und verfeinert. Aufgabe der Erziehung ist es dabei, die Entwicklungsbedingungen so zu gestalten, dass die in jedem Menschen angelegten Fähigkeiten zur

Ausprägung gelangen können, was wiederum von den fördernden oder hemmenden Bedingungen von Körper – Umwelt – Zeit abhängt.

Inhaltlich lassen sich die Aktualfähigkeiten in zwei grundsätzliche Kategorien einteilen:
Die primären Fähigkeiten werden zuerst, d. h. primär in der emotionalen Eltern-Kind-Beziehung auf dem Boden der Liebesfähigkeit entwickelt. Primäre Aktualfähigkeiten sind: Liebe (Emotionalität), Vorbild, Geduld, Zeit, Kontakt, Sexualität, Vertrauen, Zutrauen, Hoffnung, Glaube, Zweifel, Gewissheit, Einheit ... Die primären Fähigkeiten sind also vor allem Bedingungen der Gefühlsbeziehungen, die jedem Kind in einer idealtypischen Entwicklungskette von seiner Ursprungsfamilie vermittelt werden. Aus den noch unbekannten Fähigkeitspotenzialen entwickelt ein Kind über Angst, Aggression, Nachahmung, durch Vorbild, Glaube, Zeit, Zweifel, Hoffnung und Zutrauen seiner Bezugsperson das Urvertrauen, das die Grundlage für eine gesunde Entwicklung bildet.

Die sekundären Fähigkeiten sind Ausdruck der Wissensvermittlung und damit der Erkenntnisfähigkeit. In ihnen spiegeln sich die Leistungsnormen einer Gesellschaft wider, in der ein Mensch lebt. Zu ihnen gehören: Pünktlichkeit, Sauberkeit, Ordnung, Gehorsam, Höflichkeit, Ehrlichkeit, Gerechtigkeit, Fleiß, Leistung, Sparsamkeit, Zuverlässigkeit, Genauigkeit, Gewissenhaftigkeit ...

Die Aktualfähigkeiten werden im Verlauf der Sozialisation inhaltlich entsprechend dem soziokulturellen Bezugssystem gestaltet und durch die einzigartigen Bedingungen der individuellen Entwicklung geprägt. Als Konzepte werden sie in das Selbstbild aufgenommen und bestimmen die Spielregeln dafür, wie man sich und seine Umwelt wahrnimmt und mit ihren Problemen fertig wird.

Die Aktualfähigkeiten besitzen für die Methode der Positiven Psychotherapie eine große Bedeutung. Um die Tragfähigkeit eines Patienten im Hinblick auf mögliche Konfliktbereiche zu prüfen, orientiert sich der Therapeut an der Liste der Aktualfähigkeiten, dem Differenzierungsanalytischen Inventar (DAI). Statt allgemein von Stress, Konflikt oder Krankheit zu reden, kann er feststellen, wann eine konflikthafte Reaktion auftritt, in welcher Situation, bei welchem Partner und bezüglich welcher Inhalte. Eine Frau, die regelmäßig abends schwere Angstanfälle erleidet, wenn ihr Partner zu spät nach Hause kommt, zeigt nicht nur Angst vor dem Alleinsein, was auf die Aktualfähigkeit »Kontakt« hindeuten würde. Ihre Angst kann auch an die Aktualfähigkeit »Pünktlichkeit« gebunden sein. Dieses differenzierte Vorgehen ermöglicht es, gezielter auf die Bedingungen eines Konfliktes einzugehen.

Wie ein Mensch mit seinen Belastungen fertig wird, hängt von seiner Persönlichkeit und seinen Einstellungen ab. Vor diesem Hintergrund erhalten die äußeren Ereignisse ihr emotionales Gewicht. Um ein bestimmtes Verhalten zu verstehen, werden Hintergrundinformationen benötigt, die Maßstäbe für die spätere Bewertung geben. Dies bedeutet, sowohl die besonderen kulturellen Bedingungen zu berücksichtigen, als auch die Bedingungen, die in der persönlichen Lebensgeschichte einem Verhalten erst Sinn geben. Das positive Vorgehen besagt, dass eine möglichst umfassende Übersicht über die Interpretationsmöglichkeiten eines Symptoms oder Krankheitsbildes angestrebt wird mit dem Ziel, Einfluss auf das Krankheits- und Selbstverständnis der Patientenfamilie zu nehmen. Es wird hinterfragt, wie die gleiche Störung oder Krankheit in anderen Kulturen wahrgenommen und bewertet wird, wie andere Menschen der eigenen Kultur und die Familie damit umgehen und welche spezielle Bedeutung die Konflikte für einen selbst haben und auf welche Inhalte sie sich beziehen. Man misst das Verhalten nicht mehr allein an den vorgegebenen Wertmaßstäben, sondern vergleicht es mit anderen Konzepten anderer Menschen, anderer Kulturen. Dies bedeutet für die zwischenmenschlichen Beziehungen: Durch die Relativierung der eigenen Werthaltung werden Vorurteile in Frage gestellt, Fixierungen gelöst, Kommunikationsblockaden aufgehoben.

Dieser Überlegung folgt ein Prinzip der Positiven Psychotherapie: Sie deutet weniger ein auffälliges Verhalten, als dass sie nach den Spielregeln fragt, die dieses Verhalten erst auffällig erscheinen lassen. Das geschieht dadurch, dass Auffassungen, Konzepte, Geschichten, Lebensweisheiten und Spielregeln aus anderen Kulturen, in denen die Aktualfähigkeiten in unterschiedlichen Erscheinungsformen thematisiert werden, in das familiäre und therapeutische System einbezogen werden (transkulturelle Fragestellung).

Viele Menschen fühlen sich überfordert, wenn sie abstrakt mit psychotherapeutischen Inhalten konfrontiert werden. Da die Psychotherapie sich nicht nur im Feld der Fachleute abspielt, sondern eine Brücke zu den Nicht-Fachleuten, den Patienten, darstellt, besteht für sie das besondere Gebot, verständlich zu sein. Wie Nossrat Peseschkian feststellen konnte, kamen besonders Parabeln und orientalische Geschichten den Patienten und den Zuhörern in den Seminaren entgegen. Parabeln sind Bilder in Sprache. Als solche unterstützen sie das Verständnis und haben zentralen didaktischen Wert. Das sprachliche Bild beinhaltet in irgendeiner Form innerseelische, zwischenmenschliche und gesellschaftliche Konflikte und gibt Lösungsmöglichkeiten vor. Losgelöst von der unmittelbaren Erfahrungswelt des Patienten, seinen Widerständen gegen die Aufdeckung seiner Konflikte und Schwächen, hilft das mythologische Beispiel, gezielt eingesetzt, ein distanzierteres Verhältnis zu den eigenen Konflikten zu gewinnen. Der Mensch denkt nicht nur in abstrakten und theoretischen Begriffen. Das Verständnis seiner eigenen Probleme wird eher durch anschauliches, bildhaftes Denken und die gefühlsbesetzte Fantasie bestimmt. Diese Erkenntnis führte dazu, das bildhafte Denken und damit mythologische Geschichten und Fabeln als Verständnishilfen in den therapeutischen Prozess einzubeziehen. Ein weiteres Anliegen des Begründers der Positiven Psychotherapie war es, die Weisheiten und intuitiven Gedanken des Orients mit den neuen psychotherapeutischen Erkenntnissen zu vereinen.

Die Positive Psychotherapie ist heute in 33 Ländern vertreten. Eine Studie zur Qualitätssicherung der Positiven Psychotherapie zeigte 1997 die hohe Wirksamkeit dieser Form der Kurzzeittherapie. Im Jahre 2006 erhielt Professor Dr. med. Nossrat Peseschkian das Bundesverdienstkreuz am Bande. Er starb 2010 in Wiesbaden.

Christian Leven

Andere Menschen

**Was Menschen gemeinsam ist
und worin sie sich unterscheiden.**

Der Pfau und die Krähe

Im Park des Palastes ließ sich eine schwarze Krähe auf den Ästen eines Orangenbaumes nieder. Auf dem gepflegten Rasen stolzierte ein Pfau. Die Krähe krächzte: »*Wie kann man überhaupt einem solch merkwürdigen Vogel gestatten, diesen Park zu betreten. Er schreitet so arrogant, als wäre er der Sultan persönlich, und dabei hat er doch ausgesprochen hässliche Füße. Und sein Gefieder, in was für einem hässlichen Blau! Eine solche Farbe würde ich nie tragen. Seinen Schweif zieht er hinter sich her, als wäre er ein Fuchs.*«
Die Krähe hielt inne und schwieg abwartend.
Der Pfau sagte eine Zeit lang gar nichts, dann begann er wehmütig lächelnd: »*Ich glaube, deine Aussagen entsprechen nicht der Wirklichkeit. Was du an Schlechtem über mich sagst, beruht auf Missverständnissen. Du sagst, ich sei arrogant, weil ich meinen Kopf aufrecht trage, so dass meine Schulterfedern sich sträuben und ein Doppelkinn meinen Hals verunziert. In Wirklichkeit bin ich alles andere als arrogant. Ich kenne meine Hässlichkeiten, und ich weiß, dass meine Füße ledern und faltig sind. Gerade dies macht mir so viel Kummer, dass ich meinen Kopf hoch trage, um meine hässlichen Füße nicht zu sehen. Du siehst nur meine Häss-*

lichkeiten. Vor meinen Vorzügen und meiner Schönheit verschließt du die Augen. Ist dir das nicht schon aufgefallen? Was du hässlich nennst, bewundern die Menschen an mir.«

(Nach P. Ehtesami, persische Dichterin, bearbeitet und übersetzt von Nossrat Peseschkian)

Wenn, 39

Man begreift häufig einen Menschen nur als Träger weniger Eigenschaften, statt ihn in seiner ganzen Persönlichkeit zu sehen. Leben, 80

Oft meinen wir, aufgrund äußerer Merkmale einen Menschen einschätzen zu können: Der oder die ist so und so, sagen wir dann im Brustton der Überzeugung. Es handelt sich um die Neigung, Beziehungen zwischen Sachverhalten herzustellen, ohne sie in eine Beziehung zur Wirklichkeit zu setzen. Doch wir verwechseln da eine Eigenschaft mit dem ganzen Menschen. Den ganzen Menschen zu sehen, sich auf ihn einzulassen, darauf kommt es an. Leben, 73f

Jeder Mensch übernimmt unwillkürlich von seiner Umgebung, Familie, von seinen Mitschülern und Lehrern nicht nur technische Fertigkeiten, sondern auch das meiste von dem, was man als Lebensauffassung oder Weltanschauung zu bezeichnen pflegt. Die Urteile, die man sich über die Menschen, über die wirtschaftlichen Zustände, über den Staat, die Politik und Religion allmählich zurechtmacht, richten sich in der Hauptsache nach dem, was man in seiner Umgebung zu sehen und zu hören bekommt. Es ist wichtig zu wissen, dass die Gesellschaft als wesentlicher Träger bewertender und beurteilender Verhaltensnormen wirkt. Verschiedene Gesellschaften zeigen unterschiedliche Wertmaßstäbe.

Leben, 24f

In der heutigen Zeit scheint es keine allgemein verbindlichen Kriterien für die Richtigkeit eines Wertmaßstabes zu geben. Ähnlich wie sich Kulturen unterscheiden, unterscheiden sich auch die Menschen in ihnen. Es unterscheiden sich Interessengruppen, Familiengruppen, Generationsgruppen und Geschlechter. Es unterscheiden sich aber auch die Einzelmenschen untereinander. *Leben, 25*

Verschiedenen Menschen ist Unterschiedliches wichtig: Man misst etwas an seinem Geldwert, an seinem Seltenheitswert, an seinem Gebrauchswert, an seinem Prestigewert oder an seinem Gefühlswert. Diese Unterschiede führen oft auch zu zwischenmenschlichen Konflikten. Besonders anfällig für solche Konflikte sind Menschen, die feste Wertmaßstäbe besitzen, sie für unwandelbar halten und dann mit Menschen konfrontiert werden, die andere Wertmuster vertreten. Weiterhin entstehen Probleme dort, wo Wertmaßstäbe innerhalb sozialer Beziehungen im Wandel begriffen sind.

Leben, 10

Es gibt keine schlechten Menschen: Wenn wir jemanden nicht ausstehen können, kann dies darauf beruhen, dass er anders aussieht, als wir es uns gewünscht haben, dass er eine andere Hautfarbe, einen anderen Gesichtsausdruck und bestimmte körperliche Eigenschaften hat, die wir nicht akzeptieren wollen. Wenn wir jemanden verabscheuen, uns von ihm distanzieren und uns über ihn ärgern, kann das darauf beruhen, dass er nicht unsere Meinung vertritt, uns nicht höflich genug ist, uns warten lässt, unzuverlässig ist und an uns Verhaltensanforderungen stellt, die uns unbequem und ungewohnt sind. Wenn wir einen Menschen nicht mögen, so kann es daran liegen, dass er uns einmal enttäuschte, andere mit ihm schlechte Erfahrungen machten und wir ihm unser Vertrauen entzogen haben. *Klug, 69f*

Auch die jeweilige Zivilisation hat nichts mit dem Wesen des Menschen zu tun. Unsere Vorfahren kannten keine Kleider, benutzen die Hände statt eines Essbestecks, kannten kein Wasserklosett, besuchten weder Schulen noch Universitäten. Und sie waren doch Menschen und uns gleichwertig, genauso wie Menschen aus unserer Zeit, die ein anderes Entwicklungsniveau haben und andere Normen vertreten. Auch wir haben beispielsweise erst die Sauberkeit und Pünktlichkeit gelernt, die wir jetzt vertreten, und zusammen damit die Konfliktanfälligkeit, die sie mitbringen. *Klug, 69f*

Einengungen führen zu Aggressionen. Kommt es zu Kommunikationsstörungen, so kommt es auch zur Einschränkung des Kontaktes. Man bestraft zum Beispiel seinen Partner dadurch, dass man ihm etwas verbietet bzw. sich von ihm zurückzieht. Folge davon sind Abkühlung und Verflachung der zwischenmenschlichen Beziehungen. Doch wir können uns auch anders verhalten und die Enge aufbrechen. Wir können zum Beispiel erkennen, dass unser Partner und unsere Mitmenschen noch eine Reihe anderer Möglichkeiten und Fähigkeiten haben als die Bereiche, die zurzeit konfliktbesetzt sind. Dies zu sehen und sich darauf im alltäglichen Umgang zu beziehen entlastet und führt zu einer Erweiterung des Horizontes. *Leben, 46*

Anregung:
Wir können lernen, mit Missverständnissen auch positiv umzugehen. *Leben, 12*

Für den einen bedeutet es eine Belastung und für den anderen eine Entlastung. Lerne zu unterscheiden zwischen eigenen und fremden Motiven. Schließe nicht von dir auf andere, sondern frage nach den Motiven.
Leben, 13

Wir müssen nicht alles allein machen wollen. Stärken entwickeln sich erst in der Gemeinsamkeit.
Wer alleine arbeitet, addiert, wer mit anderen zusammenarbeitet, multipliziert. *Leben, 70*

Ideale sind wie Sterne,
man kann sie nicht erreichen, aber man
kann sich nach ihnen orientieren.

~

Du weißt nicht, wie schwer die Last ist,
die du nicht trägst.

~

Der größte Hochmut und der größte
Kleinmut kommen gleich der größten
Selbst-Unkenntnis. *Baruch Spinoza*

Angst

**Angst bezeichnet den Eindruck
der Beeinträchtigung unseres Daseins.**

Befreiendes Lachen

*Ein Schriftsteller hatte öfter materielle Not. Eines Nachts kam
ein Dieb in sein Haus. Als er vergeblich in den Schubladen
nach Geld und Gold suchte, hörte er auf einmal ein lautes
Lachen.*
»Warum lachen Sie?«
*»Ich lache, weil Sie in dunkler Nacht ohne Licht in den Schub-
laden suchen, wo ich an sonnigen Tagen schon nichts finde!«*
Leben, 52

Man kann die eigene Lage auch anders sehen, es liegt
oft an uns, ob wir über die alltäglichen Widrigkeiten
weinen oder auch einmal lachen können. Leben, 52

Nahezu jeder von uns hat schon am eigenen Leib ein
Gefühl von Niedergeschlagenheit, abgrundtiefer Traurig-
keit, Hoffnungslosigkeit oder Sinnlosigkeit erfahren.
Aber genauso wie das Leben Angst und Depressionen
verursachen kann, so bezeugt die Angst das Leben.
Klug, 145

Jeder Mensch kann lernen, mit seinen Problemen gut umzugehen. Fantasie und Humor helfen dabei. Größenfantasien gehören zu unserem Alltag. Im positiven Sinne können sie dazu anregen, sich weiterzuentwickeln. Doch wir brauchen immer wieder die Verwurzelung in der Realität. Wenn wir vollkommen von unseren Fantasien ausgefüllt werden, wird es problematisch. Dann kann es sogar zu wahnhaften Fixierungen kommen: Man deutet die ganze Wirklichkeit nur noch unter einem einzigen Aspekt. Derjenige, er sich selbst immer nur toll findet, wird schnell zu einer Lachnummer für andere. Daher ist es notwendig, immer wieder Distanz zu gewinnen auch zu den eigenen Größenfantasien. *Leben, 152*

Anregung:
Gesund ist nicht derjenige, der nie Ängste und Depressionen hat, sondern derjenige, der in der Lage ist, mit ihnen angemessen umzugehen. *Klug, 147*

Furcht gibt Sicherheit. *Shakespeare*

~

Wer zu sterben gelernt hat, hört auf, Knecht zu sein. *Seneca*

~

Sorge macht alt vor der Zeit.

Ausdauer

**Ausdauer bezeichnet die Fähigkeit
des Durchhaltevermögens auch in Schwierigkeiten.**

Den Zweck erkennen

*Ein Schüler der ersten Klasse hatte es mit dem Lernen schwer
gehabt. Im Gebet flehte er zu Gott und wünschte sich, Gott
möge seinen Lehrer töten.*
*Als der Lehrer dies hörte, sagte er ihm: »Du solltest beten,
dass das Alphabet stirbt und nicht dein Lehrer, denn wenn
es diesen Lehrer nicht mehr gibt, dann gibt es einen anderen.«*
Leben, 139f

Viele Tätigkeiten erfordern Ausdauer und oft die Be-
reitschaft, Versagen und Enttäuschungen zu ertragen.
Bringt man diese Bereitschaft nicht auf, sinkt die
Schwelle des Selbstwertes: Man reagiert schon auf kleine
Misserfolge mit Niedergeschlagenheit und erlebt ein
momentanes Versagen als Minderwertigkeit. *Leben, 139f*

Im Kontakt mit anderen wird Geduld zu einem wich-
tigen sozialen Faktor: Als Kind brauchen wir die
Geduld unserer Eltern. Und das Verhältnis von Partnern
zueinander macht die Bereitschaft erforderlich, auch
»Tiefs« auf der Wetterkarte der Partnerschaft zu ertragen.
Leben, 139f

Mangelnde Geduld ließe jede Freundschaft bald scheitern. Geduld ist die Bereitschaft, dem anderen Zeit zu lassen. *Leben, 139f*

Ausdauer bezieht sich auf Dinge, während Geduld sich auf Menschen bezieht. *Leben, 169*

Kinder und Jugendliche und auch wir Erwachsenen haben die verschiedensten Anlagen in uns, die wir verwirklichen können oder auch nicht. Ähnliches gilt für die Werte, die wir mitbekommen haben: Manche mögen einengend wirken, andere wiederum mögen unser Leben reicher machen. *Leben, 169*

Die Pubertät, in der man sich auf der Suche befindet, sich orientiert, Werte in Frage stellt und offensiv verficht, zeigt dies wie in einem Brennspiegel. Die Verunsicherung in dieser Phase mündet oft in der Feststellung: »Ich weiß nicht, wer ich bin.« In diesem Alter muss ein Mensch ganz verschiedene Rollen, Erwartungen usw. in seine Persönlichkeit integrieren. Das ist die Aufgabe des Reifens. Und erst im Reifwerden kann sich ein Mensch als mit anderen gleichberechtigt, frei in seinem Willen und Handeln und in seiner Verantwortung erfahren. *Leben, 169*

Anregung:

Was halten Sie von folgenden Redewendungen:

»Vor den Erfolg haben die Götter den Schweiß gesetzt.«

»Sie ist eifrig bei der Arbeit, wenn es um die Wohnung geht, aber für mich tut sie keinen Schlag.«

»Er hat den Ehrgeiz, beruflich selbstständig zu werden!«

»Fleiß und Gründlichkeit sind deutsche Tugenden!«

»Mit seiner Drückebergerei stiehlt er dem lieben Gott die Zeit.«

»Müßiggang ist aller Laster Anfang.«

»Du bist so viel Wert, wie du leistest.«

»Ich habe auch geschwitzt, bis ich es geschafft habe!«

»Ich stehe den ganzen Tag über unter Leistungsdruck!«

Leicht, 90

Courage ist gut, Ausdauer ist besser.

Theodor Fontane

Ausdauer ist eine Tochter der Kraft. Hartnäckigkeit ist eine Tochter der Schwäche, nämlich der Verstandesschwäche. *Marie von Ebner-Eschenbach*

Entscheidungen und Gewissheit

Gewissheit bezeichnet die Fähigkeit, eine Entscheidung zu treffen und Zweifel hinter sich zu lassen.

Überzeugt

Eine junge Frau bewarb sich für die Krankenschwestern-schule in einem Krankenhaus. Der Chefarzt fragte sie, ob sie praktische Erfahrung hätte.
»Selbstverständlich!«, war die Antwort, »mein älterer Bruder ist Fußballspieler, der jüngere Bruder ist bei den Boxmeister-schaften dabei und meine Eltern schlagen sich täglich. Ich muss die ganze Familie täglich versorgen und ihnen Verbände anlegen.« Leben, 33

Gewissheit bezieht sich auf die Fähigkeit, nach einem Zustand des Zweifelns Entscheidungen zu treffen, die keine Schuldgefühle mehr auslösen. Der Mensch ist imstande, klar ja oder nein zu sagen und sich mit dieser Entscheidung zu identifizieren. Leben, 33

Das Leben findet im Augenblick statt, es geht darum, wahrzunehmen, was man gerade tut. Und es geht darum, den inneren Freiraum zu nutzen, immer wieder neue Möglichkeiten zu entdecken. Leben, 33

Wir sind aber nicht nur das Produkt unserer Vorerfahrungen und unserer Umwelt, sondern können auch selber unser Erleben beeinflussen, aktiv in unser Leben eingreifen und Risikofaktoren abbauen, indem wir uns folgende drei Fragen stellen:
Worüber ärgere ich mich eigentlich? Was bereitet mir Angst, Unbehagen oder Freude?
Welche Möglichkeiten habe ich, das Problem zu lösen? Was würde ich machen, wenn ich keine Probleme und Beschwerden hätte? *Klug, 116*

Ein älterer Mann meinte: »Wie oft habe ich mich zum Narren gemacht, nur um zu beweisen, dass ich kein Idiot bin!« *Leben, 12*

Die Schwierigkeit liegt nicht darin, irgendwo anzukommen, sondern zur richtigen Zeit die Richtung zu wechseln. *Leben, 35*

Nicht weil die Dinge schwer sind, wagen wir es nicht, sie zu tun. Sondern weil wir sie nicht wagen, sind die Dinge schwer. *Leicht, 9*

Willst du das Land in Ordnung bringen, so musst du zuerst die Provinzen in Ordnung bringen. Willst du die Provinzen in Ordnung bringen, so musst du zuerst die Städte in Ordnung bringen. Willst du die Städte in Ordnung bringen, so musst du zuerst die Familien in

Ordnung bringen. Willst du die Familien in Ordnung bringen, so musst du zuerst dich selbst in Ordnung bringen. *Leben, 27*

Anregung:
Die Kontrolle der Gewissheit, der Zweifel, ist eine menschliche Fähigkeit der Wirklichkeitsprüfung. In Bezug auf welchen Inhalt empfinden Sie Gewissheit: Treue, Ehrlichkeit, Gerechtigkeit, religiöse oder weltanschauliche Inhalte? Die eigene Gewissheit mit den Gewissheiten anderer konfrontieren (Kontakt, Sprechen, Konflikte erkennen und lösen, gegenseitiges Verständnis und Respekt, Relativität der Werte). *Leicht, 141f*

Tief im Ozean, da liegen Schätze von unvergleichlichem Wert: Doch wenn du Sicherheit suchst – die findest du am Ufer. *Sa'di von Schiras, Persischer Dichter*

Ehrlichkeit

Einheit

Gehorsam

Ehrlichkeit

**Ehrlichkeit bezeichnet die Fähigkeit,
seine Meinung zu äußern.**

Kindermund tut Wahrheit kund

*Eine Mutter sagt zu ihrem fünfjährigen Sohn: »Morgen sind
wir bei Tante Marianne eingeladen. Wenn wir kommen, sagst
du ihr ›Guten Tag‹ und gibst ihr ein Küsschen.«
Der Junge sagt, das mache er nicht, er habe Angst. Die Mutter
versteht ihn nicht: »Warum hast du Angst?«
»Weißt du, als der Papa sie küssen wollte, hat er eine Ohrfeige
bekommen!«* Leicht, 77ff

Ehrlichkeit bezeichnet die Fähigkeit, offen seine Meinung
zu äußern, seine Bedürfnisse oder Interessen mitzu-
teilen und Informationen zu geben. Wahrhaftigkeit und
Redlichkeit zählen zur Ehrlichkeit. Ehrlichkeit in einer
partnerschaftlichen Beziehung gilt als Treue, in der sozialen Kommunikation als Offenheit und Aufrichtigkeit.
Leicht, 77ff

Ehrlichkeit und Höflichkeit stehen in enger Beziehung
zueinander: Während Höflichkeit als Aggressionshem-
mung betrachtet werden kann, besitzt Ehrlichkeit
häufig den Charakter aggressiven Verhaltens, wenn man

jemandem ungeschminkt seine Meinung sagt, jemandem etwas offen ins Gesicht sagt oder jemanden zur Rede stellt. *Leicht, 77ff*

Überbetonung von Ehrlichkeit kann so als Rüpelei gesehen werden und führt dann zu zwischenmenschlichen Konflikten, wenn der Partner sich beleidigt zurückzieht. Unehrlichkeit, als das gegenteilige Extrem, bringt zumeist nur zeitliche Vorteile mit sich. Es kommt oft zu undurchschaubaren Lügengebäuden, die ein spannungsreiches Konfliktfeld darstellen. *Leicht, 77ff*

Eine Lüge ist wie ein Schneeball: Je länger man ihn wälzt, desto größer wird er. *Leben, 149f*

Äußere Ereignisse wie berufliche Veränderungen, Umzug und die kleinen Ärgernisse (Mikrotraumen) wirken, wenn sie gehäuft auftreten, oft so zusammen, dass sie ein dramatisches Ausmaß annehmen. Man könnte es auch folgendermaßen ausdrücken: »Kleinigkeiten« pflanzen sich durch »Zellteilung« fort und geraten schließlich außer Kontrolle. Sie sammeln sich so lange an, bis der bislang unterschwellige Konflikt akut wird. Übertreibungen und Untertreibungen entstehen nicht aus heiterem Himmel, sondern haben ihre eigene Geschichte. *Leben, 149f*

Anregung:
Das sagen, was man für richtig hält, aber es so sagen, dass es den Partner nicht verletzt.
Manche Menschen, die Ihnen im Moment Ihre Offenheit übel nehmen, werden Ihnen später dafür dankbar sein. Auch wenn es Ihnen vielleicht nicht schwerfällt, in der Partnerschaft ehrlich zu sein, ist es im Beruf oder wenn es um Geld geht, nicht mehr so leicht. Man wendet zumeist nicht in allen Lebensbereichen die gleichen Maßstäbe der Ehrlichkeit an. Motto: Beobachten Sie, bei welchen Aktualfähigkeiten und in welchen Situationen und wem gegenüber Ihnen Ehrlichkeit schwerfällt. *Leicht, 77f*

Worüber ärgere ich mich eigentlich?
Was bereitet mir Angst, Unbehagen oder Freude? Welche Möglichkeiten habe ich, das Problem zu lösen? Was würde ich machen, wenn ich keine Probleme und Beschwerden hätte? *Klug, 116*

Die Wahrheit führt Freunde zusammen und entzweit sie auch.

Einheit

Einheit bezeichnet die Fähigkeit zu integrieren.

Gemeinsinn

Ein einfacher Mann begab sich zusammen mit 99 anderen auf eine Reise. Unterwegs wurden er und seine Mitreisenden von drei Dieben ausgeraubt. Als er nach Hause kam und das Abenteuer erzählte, wurde er gefragt, wie es kommen konnte, dass hundert Männer von drei Dieben besiegt werden konnten. Er antwortete:»Wir waren hundert Einzelne, und sie waren drei Verbündete.« Leicht, 144f

Einheit bezieht sich auf die Fähigkeit, die Aktualfähigkeiten, die Grundfähigkeiten und Wertsysteme in die Erlebnisse zu integrieren und die eigenen Bedürfnisse mit denen der Umwelt in Einklang zu bringen. Übergeordnet ist dem die »universelle Einheit«, die die Fähigkeit meint, mit anderen Menschen, Gruppen, Lebewesen, Dingen und Kräften Beziehungen aufzunehmen und bestehende Zusammenhänge zu begreifen. Die Einheit der Persönlichkeit, das Selbstverständnis des Menschen als Individuum, das auch die Selbstwahrnehmung umfasst, hängt von der Entwicklung der Aktual- und Grundfähigkeiten und den Erlebnissen mit ihnen ab.

Leicht, 144f

Lasten, auf mehrere Schultern verteilt, tragen sich leichter. Man braucht Verbündete. Das Bündnis gibt inneren Halt und Sicherheit, erhält aber meistens seinen Sinn erst dadurch, dass es sich gegen einen Dritten richtet: das Bündnis als Schutz- und Kriegsbündnis.
Dahinter steht eine besondere Logik. Man braucht das »Wir«, um sich behaupten zu können; man braucht aber auch den Gegner, um sich erst als »Wir« fühlen zu können. *Leben, 147*

Die »Hölle« ist das Nebeneinander und Gegeneinander. Das Paradies dagegen beruht auf der Bereitschaft, mit den anderen positiv in Beziehung zu treten. Beide – die Menschen im Paradies wie die in der Hölle – haben die gleichen oder ähnliche Probleme. Ob sie im Paradies oder in der Hölle leben, hängt davon ab, wie sie diese Probleme lösen. Jede Familie, jede Gemeinschaft, hat etwas vom Paradies und von der Hölle. *Leben, 62f*

Wir haben die Möglichkeit zu wählen. Wie groß diese Chance der Wahl ist, wird zu einem guten Teil durch unsere Erfahrungen bestimmt, dadurch, wie wir gelernt haben, Probleme zu lösen, und durch unsere Bereitschaft, unsere Erfahrungen zu nutzen und sie den Menschen weiterzugeben, mit denen wir zusammenleben. Paradies und Hölle sind keine Orte, sondern Zustände. *Leben, 62f*

Anregung:
Alles, was wir tun, hängt mit allem anderen zusammen,
was um uns herum ist, auch wenn wir dies nicht wahrnehmen wollen. Es besteht eine Vielzahl von Bezugs-
größen, die uns in einer Situation als Einheit gelten
können. Therapie ist nicht nur Beseitigung der Störung,
sondern Wiederherstellung der Einheit. Eine Krankheit, ein Leid, eine Krise ist keine universelle Störung,
sondern eine Störung einzelner Bereiche. Es ist sinnvoll,
zwischen Störungen und Fähigkeiten unterscheiden zu
lernen. *Leicht, 146*

Einigkeit macht stark.

～

Glücklich, wem es gelungen, die
Zusammenhänge der Dinge
zu durchschauen. *Vergil*

～

Viele kleine Leute aus vielen kleinen
Orten, die viele kleine Dinge tun,
werden das Angesicht der Erde
verändern.

Gehorsam

**Gehorsam bezeichnet die Fähigkeit,
sich an fremde Bitten anzupassen.**

Folgsam

*Ein Mann ging zum Richter und beklagte sich, dass seine
Frau ihm alles verbieten würde. »Ich darf nicht trinken,
nicht rauchen, nicht mit Freunden ins Teehaus gehen und
keine Gäste einladen«, sagte er.*
Der Richter fragte: »Willst du dich scheiden lassen?«
»Das darf ich ja auch nicht« war seine Antwort. Hand, 53

Gehorsam bezeichnet die Fähigkeit, Bitten, Anordnungen, Befehle einer äußeren Autorität aus innerer Einsicht
heraus zu befolgen. Gehorsam wird vor allem bezüglich
der Bereiche Ordnung, Pünktlichkeit, Fleiß/Leistung
gefordert und geleistet. Gehorsam wird entweder durch
Strafe bzw. Strafandrohung oder durch Belohnung aus-
geführter Anordnungen sowie durch das Vorbild der
Bezugsperson entwickelt. Leicht, 66f

Gehorsam, der auf den Prinzipien von Lohn und Strafe
aufbaut, ist ein – aber nicht der einzige – Faktor zwischenmenschlichen Zusammenhalts. Gehorsam garan-
tiert das Funktionieren einer Gruppe oder Gesellschaft.

Unbedingter Gehorsam dagegen führt zu Konflikten, wenn Gesetze und Autoritäten den Anforderungen der Zeit nicht mehr genügen. Er schränkt die Selbstständigkeit im Denken und Handeln ein. Wird der Gehorsam von starren, festgefahrenen Autoritäten oder Gesetzen bestimmt, entwickeln sich Angst und Aggressionen gegen das Neue. *Leicht, 66f*

Anregung:
Schreien und Unhöflichkeit garantieren noch lange keinen Gehorsam und eine freundliche Atmosphäre. Motto: Versuchen Sie es mit Höflichkeit. Wenn man weiß, warum man etwas tun soll, tut man es gerne und leichter. Auch der andere kann Recht haben.

Ich achte beides gleich hoch:
ob man selbst weise ist oder ob man
einem guten Rat gehorcht. *Herodot*

—

Es bellen die jungen Hunde das nach,
was sie von den alten gehört haben.

—

Gehorchen mag, wer nicht zu herrschen weiß.
William Shakespeare

Gerechtigkeit

Glaube

Hoffnung

Konflikt

Gerechtigkeit

Gerechtigkeit bezeichnet die Fähigkeit, abzuwägen.

Wenn schon ...

Barcelona. – Aus Protest gegen eine angeblich ungerechte Geldstrafe hat eine Spanierin den geforderten Betrag von 620 Euro in Münzen von einem Cent eingezahlt. Zusammen mit mehreren Verwandten schleppte die Frau neun Plastikbeutel mit den 62 000 Münzen in das Gerichtsgebäude von Barcelona. Die Münzen wogen fast eine halbe Tonne. Die Frau war verurteilt worden, weil sie ihrem Vetter im Streit eine Ohrfeige gegeben und dabei seine Brille zerbrochen hatte. (Bericht einer Tageszeitung)

Gerechtigkeit bezeichnet die Fähigkeit, im Verhältnis zu sich selbst und anderen gegenüber Interessen abzuwägen. Als ungerecht empfindet man dabei eine Behandlung, die von persönlicher Zu- und Abneigung oder Parteinahme statt von sachlichen Überlegungen diktiert wird. Der gesellschaftliche Aspekt dieser Aktualfähigkeit ist die soziale Gerechtigkeit. *Leicht, 84f*

Jeder Mensch besitzt einen Gerechtigkeitssinn. Die Art, wie Bezugspersonen ein Kind behandeln, wie gerecht sie zu ihm, zu seinen Geschwistern und zueinander sind, prägt das individuelle Bezugssystem für die Gerechtigkeit.

Wie Gerechtigkeit das Gefühl von Vertrauen und Hoffnung hervorruft, bedingt Ungerechtigkeit, Auflehnung, Verzweiflung Resignation und Hoffnungslosigkeit. Gerechtigkeit nimmt Einfluss auf die Erwartungen, die ein Mensch seiner Zukunft gegenüber stellt. Inhaltlich kann sich Gerechtigkeit auf unterschiedliche Verhaltensbereiche beziehen. Im partnerschaftlichen Verhältnis wie in der Erziehung bewegt sich das gegenseitige Verhalten zwischen den Extremen Gerechtigkeit und Liebe.
Leicht, 84f

Der Feind, der die Wahrheit wie ein Spiegel zeigt, ist angenehmer als ein Freund, der sich freundlich zeigt, aber üble Nachrede praktiziert. Sucht man einen innigen Freund, so suche man ihn erst in sich selbst.

Anregung:
Gerechtigkeit ohne Liebe sieht nur die Leistung und den Vergleich; Liebe ohne Gerechtigkeit verliert die Kontrolle über die Wirklichkeit. Lerne zu vereinigen: Gerechtigkeit und Liebe. Zwei Menschen gleich zu behandeln heißt, einen ungerecht behandeln. *Leicht, 86*

Gerechtigkeit ohne Liebe sieht nur die Leistung und den Vergleich. Liebe ohne Gerechtigkeit verliert die Kontrolle über die Wirklichkeit. Lerne, Liebe und Gerechtigkeit zu vereinbaren. *Wenn, 87*

Auch vom Feinde muss man sich
belehren lassen.

~

Der weise Mensch wird sorgsam
abwägen, auf dass er gerecht urteile.
Hastiges Urteilen ist die Art
des Narren. *Aus dem Buddhismus*

Glaube

**Glaube bezeichnet die Fähigkeit,
auf eine unbekannte Dimension zu vertrauen.**

Pragmatisch

*Die Gläubigen kamen in Scharen, um die Worte des Prophe-
ten Mohammed zu hören. Ein Mann hörte besonders aufmerksam und andächtig zu, betete mit gläubiger Inbrunst
und verabschiedete sich schließlich vom Propheten, als es
Abend wurde. Kaum war er draußen, kam er wieder zu-
rückgerannt und schrie mit sich überschlagender Stimme:
»O Herr! Heute morgen ritt ich auf meinem Kamel zu dir,
um dich, den Propheten Gottes, zu hören. Jetzt ist das Kamel
nicht mehr da. Weit und breit ist kein Kamel zu sehen. Ich
war dir gehorsam, achtete auf jedes Wort deiner Rede und
vertraute auf Gottes Allmacht. Jetzt, o Herr, ist mein Kamel
fort. Ist das die göttliche Gerechtigkeit? Ist das die Belohnung
meines Glaubens? Ist das der Dank für meine Gebete?«
Mohammed hörte sich diese verzweifelten Worte an und
antwortete mit einem gütigen Lächeln: »Glaube an Gott und
binde dein Kamel fest.«*

Glaube bezieht sich auf die Fähigkeit, eine Beziehung
zum Unbekannten und Unerkennbaren aufzunehmen
und sich ihm schrittweise zu nähern, bis ein Teil dieses

Unbekannten bekannt wird. Der Glaube kann sich auf die eigenen Fähigkeiten, auf die der Mitmenschen richten, auf das noch Unbekannte und Erforschbare der Wissenschaften und das Unerkennbare der Religionen.

Das Kind verfügt zunächst über einen absoluten Glauben. Später differenzieren sich die Glaubensinhalte; das Kind glaubt an die Zuwendung oder die Gerechtigkeit der Eltern. Über das Vorbild der Eltern lernt es, eine Beziehung zum Unbekannten und Unerkennbaren aufzubauen, und übernimmt die geschichtlich geprägten Formen des religiösen oder weltanschaulichen Glaubens.

Glaube ist eine grundlegende Fähigkeit des Menschen. Als Einstellung und Erwartung dem Unbekannten gegenüber bezieht er sich nicht nur auf das innere Unbekannte, sondern auch auf das Unbekannte der Umwelt und das Unerkennbare des Weltalls, das durch den Begriff Gott umschrieben wird. Auch die Wissenschaft, die sich als objektiv begreift, baut auf Glauben auf. Über den Glauben, die kleinen Schritte der Hypothesen, nähert man sich schrittweise dem Unbekannten. Die potenziellen Fähigkeiten eines Menschen sind ein Teil seiner Wirklichkeit. Sie sind die Grundlage seiner künftigen Entwicklung und müssen von anderen und ihm selbst anerkannt werden. *Leicht, 134f*

Anregung:

Jeder Mensch, ohne Ausnahme, hat die Fähigkeit, zu glauben. Es ist wichtig, zwischen Glaube, Religion und Kirche unterscheiden zu lernen. An sich selber glauben, seine Fähigkeiten, einen Partner, eine Gruppe, ein Idol, eine Idee, eine Theorie, eine Weltanschauung, einen Gott. Lerne zu unterscheiden zwischen: Glaube/Religion und Institution. *Leicht, 134f*

Glaube ist erforderlich für ein tugendhaftes Leben. Jemandes Glaube wird nicht unbelohnt bleiben. Gedeihen ist eine Folge des Glaubens. *Aus dem Buddhismus*

Gott ist treu. Er behütet die Gläubigen. Den gläubigen Menschen erwartet Gottes Lohn. *Aus dem Judentum*

Hoffnung

Hoffnung bezeichnet die Fähigkeit, den Glauben an eine positive Zukunft nicht zu verlieren.

Letzte Chance

Der Todeskandidat durfte vor der Vollstreckung noch einen Wunsch äußern, und man garantierte ihm, so lange zu warten, bis sein Wunsch erfüllt sei. »Ich wünsche mir, alle Bücher der Nationalbibliothek auswendig zu lernen.«

Hoffnung bezieht sich auf die Fähigkeit, über den gegenwärtigen Moment hinaus positive Beziehungen zu den eigenen Fähigkeiten, zu denen des Partners und der Gruppe zu entwickeln. Wir hoffen in diesem Sinn, dass morgen, im nächsten Jahr oder zu unbestimmter Zeit etwas geschieht, was uns einzelne Handlungen oder unser ganzes Leben sinnvoll erscheinen lässt. Das positive Konzept von Hoffnung ist Optimismus, das negative ist Pessimismus. Wie die Hoffnung sich entwickelt, hängt von den Erfahrungen und Erlebnissen ab, die ein Mensch hatte, und von den Möglichkeiten, die ihm durch seine Umwelt in Aussicht gestellt wurden.

Leicht, 130

Die Haltung gegenüber der Zukunft, durch welche die Ereignisse der Gegenwart relativiert werden, ist die Hoffnung. Wir hoffen, dass etwas morgen, im nächsten Jahr oder zu unbestimmter Zeit geschieht. Für unser Verhältnis zu anderen Menschen bedeutet dies, dass man den anderen – wie sich selbst auch – Entwicklungsmöglichkeiten zugesteht, davon ausgeht, dass Menschen sich ändern können. *Leben, 171f*

Ob ein Mensch hoffnungsvoll und hoffnungsfroh sein kann und welche konkreten Hoffnungen er hegt, hängt auch davon ab, welche Erfahrungen ein Mensch machte und welche Erlebnisse er hatte. Wurde ihm nie die Möglichkeit gezeigt, dass für jede Schwierigkeit eine Lösung besteht, wird er zu Hoffnungslosigkeit neigen. Und dies beeinflusst dann die Sicht auf die Zukunft: Wir resignieren, werden hoffnungslos – und engen damit unsere Gestaltungsmöglichkeiten ein.
Wir brauchen die Hoffnung, um über manche trübe Phasen hinwegzukommen im Vertrauen, dass wir immer – einmal mehr, einmal weniger – unser Leben in die Hand nehmen können. *Leben, 171f*

Anregung:
»Jede dunkle Nacht hat ein helles Ende« statt: »Das klappt ja doch nicht.« Unterscheiden zwischen dem, was man ändern kann, und dem, was man lernen muss zu ertragen (Geburt, Tod, Vergangenheit). Erwarte ich bloß, dass meine Hoffnung in Erfüllung geht, oder tue ich etwas dafür? Auch die schwärzeste Hoffnungslosigkeit hat ihre Ursachen, zumeist in den Erfahrungen mit einzelnen Aktualfähigkeiten. Was sind die realen Wurzeln der Hoffnungslosigkeit? Trotz Hoffnung und genauester Planung bleibt ein unkalkulierbarer Rest. Ich freue mich auf die erhoffte Zukunft, ich freue mich aber auch auf die Überraschungen. *Leicht 130f*

Nur die Sache ist verloren, die man aufgibt. *Gottfried Ephraim Lessing*

Wir wissen nicht, was uns im nächsten Augenblick bevorsteht.

Solange ich atme, hoffe ich auch.

54

Konflikt

**Konflikt bezeichnet die scheinbare
Unvereinbarkeit von Interessen.**

Ausgleich

*Auf einer Reise legten Konfuzius und seine Begleiter eine
Pause ein. Ein Pferd aus dem Tross lief weg und begann, auf
dem Feld eines Bauern zu grasen. Der Bauer ärgerte sich
darüber und hielt das Pferd bei sich zurück. Ein Schüler von
Konfuzius, ein Gelehrter auf dem Gebiet des Überzeugens,
meldete sich freiwillig, um zu dem Bauern zu gehen. Er hielt
vor diesem eine bewegende Ansprache. Der Bauer aber schenk-
te ihm keine Beachtung.*
*Ein einfacher Mann, der seit kurzem mit auf der Reise war,
bat Konfuzius: »Lass mich die Aufgabe übernehmen.«*
*Er sagte zu dem Bauern: »Du hast dein Land hier im Wes-
ten und wir haben unseres im Osten. Wenn du zu uns in
den Osten kommst, wo du kein Land hast, darf dein Pferd
auf unserem Land weiden. Wenn wir in den Westen kommen, wo wir kein Land haben, wo kann dann unser Pferd
grasen, wenn es nicht auf dein Feld darf?«*
*Als der Bauer das hörte, war er begeistert. Er sagte: »Klar
und einfach zu reden, das ist die rechte Art, und nicht so wie
der Mann vorher.« Das Pferd durfte zurückkehren.*
(Bearbeitet von Nossrat Peseschkian)

Wenn, 25

Verständnis zu haben für die jeweils andere Situation, die jeweiligen Motive zu verstehen, zu schauen, ob die eigenen Vermutungen tatsächlich der Wirklichkeit entsprechen: Das sind die ersten Schritte, um Missverständnisse und Konflikte zu lösen. *Leben, 76*

Die Bedeutung kleiner Konflikte: Wir haben uns daran gewöhnt, zwischenmenschliche Konflikte für etwas Selbstverständliches zu nehmen, um das wir uns nur dann kümmern, wenn es ein bestimmtes Maß überschritten hat. Was unter diesem Maß liegt, gehört zum Leben dazu, so meinen wir. Was uns kränkt, worüber wir uns ärgern, was Schuldgefühle und Angst verursacht, liegt in scheinbar kleineren Konflikten begründet, die wir zunächst kaum wahrnehmen. Doch sie sind es, die uns auf den großen, den zerstörerischen, kränkenden Konflikt vorbereiten, der unser Erleben und Verhalten beeinträchtigt. *Klug, 14*

Vier Reaktionstypen im Umgang mit Konflikten:

1. Der Höfliche: Er hält aus Rücksicht auf andere mit seiner Meinung hinter dem Berg: »Das kann ich doch nicht sagen!« Auf der anderen Seite hegt er die Erwartung, dass die anderen ihm seine Wünsche von den Augen ablesen: »Das können sie sich doch denken!« Die enttäuschten Erwartungen sammeln sich hinter der Maske der Höflichkeit und äußern sich darin, dass der Höfliche sich zurückzieht oder psychosomatische Be-

schwerden entwickelt: »Die hätten sich doch denken können, dass ich mich dafür interessiere. Stattdessen denken sie nur an sich. Mit solch egoistischen Menschen kann ich nicht zusammenleben!«
Das ist der Typus des Konfliktverleugners, der versucht, sich nach außen ruhig und konfliktfrei zu verhalten. Diese Menschen verleugnen die Probleme oft aus Angst. *Klug, 101f*

2. Der Ehrliche: Er sagt seine Meinung geradeheraus, sagt, was er denkt, gleichgültig, ob er seine Partner damit verletzt oder nicht: »Ich habe ihm meine Meinung gesagt. Wenn er das nicht verträgt, kann er mir gestohlen bleiben!« Er drückt seine Interessen durch und gilt daher als Egoist. Von seiner Umgebung wird seine Ehrlichkeit unter Umständen auch geschätzt. Häufiger ist jedoch das Unverständnis der anderen, die sich durch den »Egoismus« brüskiert fühlen. Folge davon können Schuldgefühle sein.
Das ist der Typus des Konfliktverstärkers. Er neigt dazu, Konflikte sofort anzugehen und auf einer Lösung zu beharren. *Klug, 101f*

3. Der Wankelmütige: Er pendelt zwischen Höflichkeit und Ehrlichkeit, zwischen Aggression und Schuldgefühlen: »Es tut mir leid, dass ich so schonungslos mit ihm umgegangen bin, ich weiß nicht, wie ich es wiedergutmachen kann.« – »Lange Zeit habe ich nichts gesagt und alles hinuntergeschluckt. Jetzt ist mir aber der Geduldsfaden gerissen, und ich habe ihm Wort für Wort gesagt, was ich von ihm denke.«

Das ist der Typus des Konfliktverschiebers. Er sieht die Probleme, geht sie aber nicht an, sondern wendet sich anderen Dingen zu. *Klug, 101f*

4. Der Kluge: Er integriert Ehrlichkeit und Höflichkeit: »Sie haben in dieser Arbeit einige Fehler gemacht – das kann passieren. Bitte machen Sie es noch einmal.« Das ist der Typus, der fähig ist, Probleme angemessen zu lösen und zu verarbeiten, so dass nicht nur er davon profitiert, sondern auch sein Konfliktpartner. *Klug, 101f*

Es gilt, kommunikative Fähigkeiten zu entwickeln, die beispielsweise darin bestehen, dass man sich traut zu sagen, was einem gefällt oder nicht gefällt, was man möchte oder ablehnt. So können sich die anderen akzeptiert fühlen und können verstehen, was man meint.
Klug, 101f

Wir alle sind von Konflikten, Problemen und Schwierigkeiten im Verhältnis zu uns selbst, zu unseren Partnern, unseren Mitmenschen und schließlich zu unseren Lebenszielen betroffen.

Gesund ist daher nicht derjenige, der keine Probleme hat, sondern derjenige, der in der Lage ist, mit ihnen fertig zu werden. *Leben, 56f*

Anregung:
Wir können lernen und erfahren, dass ein Konflikt beeinflussbar ist, genauso, wie er sich auch im Verlauf der Lebensgeschichte gebildet hatte. Und die gute Botschaft ist: Wir können dies auch verändern, wir sind nicht auf ewig unserer Vergangenheit ausgeliefert, sondern haben in der Gegenwart die Chance, unsere Zukunft zu verändern. *Leben, 82f*

Das chinesische Schriftzeichen für
»Krise« ist aus den Zeichen »Gefahr«
und »Chance« zusammengesetzt.

～

Eine Veränderung in der Einstellung
Menschen und Dingen
gegenüber verändert die Menschen
und die Dinge. *James Allen*

～

Mache deine Stolpersteine
zu Treppenstufen.

Kontakt

Kritik

Leistung

Liebe

Kontakt

**Kontakt bezeichnet die Fähigkeit,
Beziehungen einzugehen und zu pflegen.**

Unzugänglich

*Ein geiziger, reicher Mann hat nie bei sich zu Hause Feste
gefeiert. Eines Tages hat ihn ein Nachbar um Erlaubnis gebe-
ten, in seiner großen Halle ein Fest zu feiern.*

*Als das Fest in vollem Gange war, staunte ein vorbeigehender
Passant, als er die Musik hörte und den Geruch von leckerem
Essen wahrnahm. Er fragte den Hausdiener, ob sein Herr
heute feiern würde. »Überhaupt nicht«, war die Antwort. »Es
wird eine Generation dauern, bis mein Herr ein Fest mit
Essen geben wird.«*

*Das hatte der Hausherr gehört. Er kam hinzu und sagte
lauthals zu ihm: »Wer hat dir die Erlaubnis gegeben, einen
Termin für das Fest auszumachen?«*

Kontakt bezieht sich auf die Fähigkeit, soziale Beziehungen aufzunehmen und zu pflegen. Wenn wir von
Kontaktfreudigkeit sprechen, meinen wir die Fähigkeit
und Bereitschaft, uns anderen Menschen, den Eltern,
den Partner, den Berufskollegen und sozialen Gruppen,
aber auch den Tieren, Pflanzen und Dingen zuzuwen-
den. Diese Zuwendung ist bei manchen Menschen eng

verknüpft mit Angst und Aggression. Schließlich ist sozialer Kontakt nicht nur eine Bestätigung, sondern stellt darüber hinaus eine gewisse Bedrohung dar: Durch die Konfrontation mit den anderen wird die eigene Wertvorstellung in Zweifel gezogen. Für einige ist dies Anlass genug, nur dort Kontakt zu suchen, wo sie mit Zustimmung rechnen können, wo die gleichen Muster der Aktualfähigkeiten vorherrschen. *Leicht, 119f*

Bekanntlich neigen wir dazu, solche Menschen als Freunde zu gewinnen, die in ähnlicher Weise denken wie wir, die dieselben Ansichten über bestimmte Dinge haben und sich bezüglich der Geschmacksrichtungen und Liebhabereien nicht so sehr von der eigenen Position unterscheiden. *Leicht, 119f*

Ein Zeichen der Freundschaft ist Aufrichtigkeit und Ehrlichkeit, deswegen sollte man einen Freund ohne Prüfung nicht wählen. *Leben, 113*

Der Mensch tritt jedoch nicht nur in Kontakt mit weitgehend bekannten Größen wie einem Ich, einem Du oder einer Gruppe. Er pflegt auch Beziehungen zu dem, was ihm noch nicht bekannt ist oder prinzipiell unerkennbar für ihn sein wird. Gemeint ist damit die Frage des Menschen nach dem Sinn seines Lebens und weiter die Frage nach Gott. *Leicht, 120*

Anregung:
Es reicht nicht, das schönste Kontaktbedürfnis zu haben, wenn Sie nichts in Richtung Kontakt, Besuch, Gäste, Briefeschreiben, Telefonieren, Ausgehen unternehmen. Kontakt knüpfen und soziale Beziehungen pflegen kann gelernt werden. Kontakttraining allein nutzt wenig, wenn die Kontaktstörungen auf andere Aktualfähigkeiten zurückgehen: Einschränkungen des Kontaktes können aus Gründen der Sparsamkeit, der Ordnung, der Sauberkeit, der Höflichkeit, der Pünktlichkeit geschehen. *Leicht, 121*

Wer sich der Einsamkeit ergibt, ach, der ist bald allein. *Bettina von Arnim*

—

Liebe deinen Nachbarn, aber reiß den Zaun nicht ein!

—

Lebenskunst besteht zu neunzig Prozent aus der Fähigkeit, mit Menschen auszukommen, die man nicht leiden kann.

Kritik

Kritik bezeichnet die Fähigkeit des Beurteilens, des Auseinanderhaltens von Fakten, der Prüfung und Infragestellung bezüglich Person oder Sachverhalt.

Wenn du geschwiegen hättest

Auf einem großen Fest, als die Künstlerin mit dem Gesang anfing, drehte sich ein Mann zu seinem Nachbarn und sprach: »Was für eine schreckliche Stimme, meine Ohren schmerzen schon! Wer ist diese Frau?«
Der Mann antwortete: »Sie ist meine Frau.«
Sehr verlegen sagte der andere: »Ich hoffe, dass Sie mich nicht missverstehen. Ich meinte nicht, dass sie schlecht singt, sondern dass der Komponist, um so eine Melodie zu schreiben, keine Ahnung von Noten gehabt haben muss.«
»Der Komponist bin ich!« Leben, 121f

Kritik zu üben will gelernt sein. Manchmal ist es einfach nur sinnvoll, zuzuhören: keine Kommentare zu geben, keine wohlgemeinten Ratschläge, keine Rechtfertigungen. In einer Auseinandersetzung liegen eben nicht gleiche Meinungen, sondern Meinungsverschiedenheiten vor: Können diese ausgesprochen werden, so ist das ein Zeichen für Offenheit und gegenseitiges Vertrauen. Wollen wir Kritik äußern, so sollte dies sachlich und möglichst konkret geschehen, indem man die genaue Situation benennt und ausdrückt, was einen gestört hat. *Leben, 121f*

Das Schlüsselproblem liegt weniger in der Aggressions-fähigkeit als vielmehr in der Aggressionskontrolle: »Wenn ich Widerstand merke, kommt der Zorn über mich. Ich muss den anderen meine Meinung sagen. Und was ich mache, das mache ich richtig.« *Leben, 122f*

Auf der anderen Seite: »Was nutzt es, wenn ich herum-tobe, mich so verhalte, wie ich es sonst nicht kenne, und hinterher aufgrund meiner Schuldgefühle umso mehr gehemmt bin?«
Oder: »Wenn ich aus mir herausgehe, kann ich mich nicht kontrollieren. Ich verliere dann die Herrschaft über mich, und hinterher sitze ich da mit meinen Schuld-gefühlen und habe einen Freund weniger.«
Das andere Extrem sind die Menschen, die sich zurück-ziehen und sich nach außen hin keine Aggressionen erlauben. *Leben, 122f*

Anregung:

Aggression als Austragungsort von Ehrlichkeit ist kontrollierbar. Der Weg zur cholerischen Explosion oder zur Flucht ins Schneckenhäuschen kann unterbrochen werden, und nach jeder dieser Unterbrechungen kann man sich entscheiden: Wie gehe ich weiter vor? Mit anderen Worten, an die Stelle der explosiven oder versichernden Ehrlichkeit setzen wir eine gestufte Ehrlichkeit. *Leben, 123*

Zwei Dinge verdunkeln unseren Geist:
schweigen, wenn man sprechen soll,
und sprechen, wenn man schweigen soll.

～

Nicht alles, was rund ist, ist ein Ball.

Leistung

**Leistung bezeichnet die Fähigkeit,
am Ball zu bleiben.**

Lohn der Faulheit

*»Mutter, freue dich«, sagte der Sohn, »du brauchst für mich
im nächsten Jahr kein Geld für die Schule auszugeben und
für mich keine Schulbücher kaufen!«
Die Mutter wollte wissen: »Warum?«
»Ich wiederhole die Klasse« war die Antwort.*

*Leistung bezeichnet die Fähigkeit und Bereitschaft, eine meist
anstrengende und ermüdende Verhaltensweise über einen
längeren Zeitraum hinweg beizubehalten, um ein bestimmtes
Ziel zu erreichen. Fleiß und Leistung sind Kriterien gesell-
schaftlichen Erfolgs, der durch Prestige und Ansehen hono-
riert wird.* Leicht, 89

Leistungsorientierung gilt im Menschenbild unserer
heutigen Gesellschaft als gesellschaftlicher Maßstab,
dem sich jedes Individuum zu unterwerfen hat. Alle
die sekundären Fähigkeiten, wie zum Beispiel Ordnung, Sauberkeit, Pünktlichkeit, Höflichkeit, werden
erlernt wie andere Dinge auch. Leben, 81

Fleiß kann jedoch auch zum Problem werden: wenn Fleiß, Leistung und Erfolg isoliert zum Wertmaßstab für die Qualität einer Person wurden. Solch einseitige Betrachtungsweisen vernachlässigen die primären Fähigkeiten wie Geduld, Vertrauen und Hoffnung. Konkurrenzkampf, Angst vor der Niederlage, das Gefühl maßloser Unterlegenheit, anmaßende Vollkommenheit und Selbstwertprobleme resultieren daraus. Fleiß kann auch als Flucht aus anderen Konflikten in die Arbeit gesehen werden. *Leben, 81*

Erfolg hängt zwar eng mit dem Fleiß zusammen, betrifft aber darüber hinaus noch andere Faktoren, unter denen die Aktualfähigkeiten Ordnung, Pünktlichkeit, Sauberkeit, Höflichkeit etc. eine bedeutsame Rolle spielen. *Leben, 81*

Wenn Eltern Leistungen von ihrem Kind fordern, sollten sie sich der Einzigartigkeit der Fähigkeiten ihres Kindes immer bewusst sein. *Klug, 56*

Die mangelnde Unterscheidung hinsichtlich eigener und fremder Verhaltensmuster wird oft mit Begriffen wie Überforderung, Überarbeitung oder Belastung umschrieben. Damit ist allerdings noch nicht gesagt, welcher Art diese Belastungen sind. Zumeist möchte man in ihnen nur berufliche Überforderungen sehen. Tatsächlich jedoch gibt es ein ganzes Spektrum von Einstellungen und Verhaltensmustern, die zu Konfliktpotenzialen werden können. *Klug, 56*

Im Umgang mit Leistungsdruck ist es sehr oft nötiger, sich selbst zu ändern, als die Szenen. *Klug, 29*

Und der Dieb, der das Minarett gestohlen hatte, erkannte, dass man einen Schacht haben sollte, ehe man ein Minarett klaut.
Die Fähigkeit, die Folgen einer Handlung in eigene Überlegungen einzubeziehen, auch wenn dies auf Kosten der Spontaneität geht, erweist sich oft als sehr nützlich.
Klug, 29

Wir Menschen haben die Möglichkeit, nicht nur auf unsere Defizite zu schauen, sondern unsere je eigenen Fähigkeiten einzusetzen. Jeder Mensch verfügt über eine Anzahl von Fähigkeiten, die er im Laufe seiner Reifung und seiner Auseinandersetzung mit der Umwelt entwickelt.
Im Laufe unseres Lebens haben wir immer wieder die Chance, neue Fähigkeiten an uns zu entdecken – und sie auch zu leben. *Leben, 67f*

Anregung:
Ein Mensch benötigt in seiner Ausbildung nicht nur Informationen. Er benötigt auch eine emotionale Basis, um die Informationen sinnvoll verarbeiten zu können. Lernen Sie, zu unterscheiden: zwischen Bildung und Ausbildung. Wenn Sie sich über Ihren Beruf ärgern, lohnt es sich, zu unterscheiden: Ärgern Sie sich tatsächlich über Ihre berufliche Tätigkeit oder über die uner-

freulichen Begleitumstände (Ungerechtigkeit der Vorgesetzten, Rivalität der Kollegen)? Wenn »Leistung« zum Konfliktherd wird, ist es nicht unbedingt das Ziel, die Leistung zu verringern, sondern die anderen Bereiche, wie den Kontakt oder die Beziehung zu sich selbst, zu fördern. *Leicht, 89*

Durch Tätigkeit gelingt ein Werk,
durch Wünschen kann man
nichts vollbringen.

—

Man kann nicht mit einer Hand
zwei Melonen tragen.

—

Ein Schwimmtrainer resümiert am Ende
der Saison: »Unsere Mannschaft
hat zwar nie gewonnen, aber es ist auch
keiner ertrunken ...«

Liebe

**Liebe bezeichnet die Fähigkeit,
zu sich und anderen liebenswürdig zu sein.**

Unverhältnismäßig

Ein Herr hatte einen Diener, der ihm sehr ergeben war. Eines Tages gab er dem Diener eine Melone, die reif und köstlich ausschaute, nachdem sie aufgeschnitten war. Der Diener aß ein Stück, dann noch eines und noch eines mit großem Genuss, bis fast die ganze Melone aufgegessen war. Der Herr wunderte sich sehr darüber, dass sein Diener ihm nichts anbot. So nahm er das letzte Stück, probierte es und fand die Melone übermäßig bitter und ungenießbar.
  »Warum ist sie bitter? Fandest du es nicht so?«, fragte er den Diener. »Ja, mein Herr«, antwortete dieser, »sie war bitter und unangenehm, aber ich habe so viel Süßes von deinen Händen gekostet, dass eine bittere Melone nicht erwähnenswert war.« Wenn, 80

Liebe bezieht sich auf die Fähigkeit zu einer positiven emotionalen Beziehung, die sich auf eine Reihe von Objekten in unterschiedlichen Gradabstufungen richten kann. Das Gefühl der Gewissheit ist die stabilste Grundlage jenes Phänomens, das man als Liebe bezeichnet. Liebe ist eine umfassende Fähigkeit, die in sich eine

Anzahl unterschiedlicher Aspekte besitzt. Die Liebe kann sich auf das eigene Ich richten. Bis zu einem gewissen Grad muss sie sich sogar zuerst auf das eigene Ich richten, um sich in reifer Form auf andere richten zu können. *Leicht, 102ff*

In der frühesten Form betrifft Liebe die Beziehung zwischen Mutter und Kind. Das Kind benötigt die emotionale Zuwendung der Mutter oder einer entsprechenden Bezugsperson. Auf dieser elementaren Stufe entwickelt das Kind ein grundlegendes Vertrauen.
Leicht, 102ff

Emotionelle Zuwendung – Liebe – steht nicht im luftleeren Raum, sondern bezieht sich immer auf verschiedene Verhaltensbereiche und Eigenschaften. Zu unterscheiden ist zwischen der Fähigkeit, zu lieben, und der Fähigkeit, geliebt zu werden. *Leicht, 102ff*

Die Fähigkeit, zu lieben, und sich so zu verhalten, dass man geliebt wird, erfordert jedoch eine beiderseitige Anstrengung: Wie der Führerschein nicht von der Verpflichtung entbindet, beim Autofahren ständig auf den Verkehr zu achten, entbindet die Liebe nicht von der Notwendigkeit, sich, sein körperliches Erscheinungsbild und seine Verhaltensformen gerade im Bezug zum Partner ständig zu kontrollieren und gegebenenfalls bereit zu sein, sich zu korrigieren oder weiterzuentwickeln.
Leben, 133f

Die Liebe erweist sich als abhängig von der Dimension der Zeit. Denn glücklich bleiben heißt nicht, die Gegenwart festzuhalten. Vielmehr stellt es uns vor die Aufgabe, unseren Partner und uns selbst immer wieder neu kennenzulernen und immer wieder neue Entscheidungen in der Partnerschaft zu treffen. *Liebe, 133f*

Der Wunsch, in einer Partnerschaft glücklich zu bleiben, schließt die Bereitschaft ein, die Partnerin, die man klug und schön brillieren sah, am nächsten Tag mit Lockenwicklern und ungeschminkt zu sehen; und das nicht nur ein Mal, sondern vielleicht vierzig Jahre lang. Es bedeutet ebenso die Bereitschaft, seinen Partner, den man tagsüber bewundert hat, auch am Abend in Unterhosen, mit Stoppelbart und kleinen Wehwehchen zu akzeptieren. Auch, wenn es sein darf, vierzig Jahre lang. *Leben, 133f*

Anregung:
Wenn Sie Ihren Partner lieben, verhalten Sie sich dann so, dass auch Sie geliebt werden? Wenn Sie geliebt werden, sind Sie auch in der Lage, Liebe und Zärtlichkeit zu geben? Welche Aktualfähigkeiten sind für Sie Kriterien dafür, ob Sie Ihren Partner akzeptieren und lieben können?

Wer Blumen liebt, muss zunächst eine positive Beziehung zu ihnen haben. Die positive Beziehung allein reicht aber nicht aus, die Pflanze würde bald welken.

Wer Blumen liebt, muss auch wissen, welche er besonders mag. Wer Blumen liebt, muss wissen, was Blumen brauchen. Er muss ihnen Wasser und Nährstoffe, saubere Luft und Sonne gewähren. Aber auch dann können seine Blumen welken.

Wer Blumen liebt, braucht Erfahrung und den Rat derer, die Erfahrung gesammelt haben. Ihr Rat hilft, Fehler in der Pflege zu vermeiden, Wachstumsstörungen, Mangelerscheinungen oder Folgen der Überdüngung auszugleichen. Das Beispiel der Blume lässt sich sehr gut auf die Partnerschaft übertragen. *Leicht, 102ff*

Liebe ist wie ein Glas,
das zerbricht, wenn man es zu fest
oder zu locker anfasst.

—

Liebe lebt von liebenswürdigen
Kleinigkeiten. *Theodor Fontane*

Mitfühlen

Nähe und Distanz

Ordnung

Pünktlichkeit

Mitfühlen

**Mitfühlen oder Empathie bezeichnet die Fähigkeit,
Gedanken, Gefühle und Absichten eines
anderen Menschen zu erkennen sowie die eigene
Reaktion darauf.**

Menschliche Wärme

*In einem Juwelierladen konnten zwei Freunde sich nicht an
den Edelsteinen sattsehen. Sie staunten über die Vielfalt der
Steine, über ihr Leuchten und Glitzern. Plötzlich aber stutz-
ten sie. Vor ihnen lag ein gewöhnlicher Stein, matt und ohne
Glanz. Wie kommt denn der hierher? Diese Frage hörte der
Juwelier und musste lächeln: »Nehmen Sie diesen Stein ein
paar Augenblicke in die Hand.«*
*Als der Mann einige Augenblicke später die Handfläche öff-
nete, strahlte der vorher glanzlose Stein in herrlichen Farben.
Wie ist das möglich? Der Fachmann wusste die Antwort:
»Das ist ein Opal, ein sogenannter sympathetischer Stein. Er
braucht nur die Berührung mit einer warmen Hand, und
schon zeigt er seine Farben und seinen Glanz. In der Wärme
entzündet sich leise und lautlos sein Licht.«*

Dieser Stein ist ein tiefes Symbol für alles Gutsein und
für alles Zarte in unserem Leben. Es gibt so viele
Menschen auf der Erde, arm und reich, klein und groß,

gebildet und einfach, die alle nur der Berührung einer warmen Hand, eines liebevollen Wortes, einer kleinen Zärtlichkeit, einer wohlwollenden Geste, eines teilnehmenden Blickes, einer helfenden Tat bedürfen, um aufzustrahlen im Licht der Freundlichkeit, um das Wunder der Zuneigung zu erfahren, um hell zu werden im Glanz einer leisen Begegnung. *Leben, 182*

Das Einfühlungsvermögen ist eine Fähigkeit, die wir uns als eine Synthese von Erkenntnis- und Liebesfähigkeit vorstellen können.
Einfühlung bedeutet, die eigenen Bedürfnisse wahrzunehmen und die Gefühle, die die Reaktion unseres Partners in uns selber auslöst. Sie erlaubt uns, behutsam mit ihm umzugehen, wenn wir seine Schutzbedürftigkeit empfinden, und ihn zu fordern, wenn wir spüren, dass er seinerseits auf uns zugeht. *Leben, 100*

Manche Menschen fallen gerade dadurch auf, dass sie sich auf sich selbst zurückziehen und auf die Zuwendung und das Mitgefühl der anderen warten. Sie befinden sich in der Rolle des Nehmenden, ohne dass sie selbst in der Lage wären, zu geben. Oft sind sie zu erschöpft dazu. *Leben, 19*

Niemand ist nutzlos auf der Welt, der einem andern die Bürde leichter macht. *Leben, 59*

Anregung:
Oft kann es helfen, sich ein paar einfache Fragen zu stellen, um neue innere Energiequellen zu finden: *Was würden Sie jetzt tun, wenn Sie keine Ängste, Depressionen und Probleme mehr hätten?* Stellen Sie sich vor, alle Ihre derzeitigen Sorgen und Nöte wären gegenstandslos, Sie wären frei und unbeschwert. Was würden Sie tun? Sind Sie der Meinung, dass Sie allen wichtigen Dingen Ihres Lebens genügend Zeit einräumen? Wofür hätten Sie gerne mehr Zeit? *Leben, 20*

Viele Menschen bauen zu viele Mauern und zu wenig Brücken. *Isaac Newton*

Nähe und Distanz

Nähe und Distanz bezeichnen die Fähigkeit, die Größe des eigenen Abstands zu Menschen, Problemen und Sachen ausgewogen handhaben zu können.

Kein Abstand

Ein Mann schrie fürchterlich. Erschrocken kamen seine Nachbarn angelaufen: »Oh, was ist mit dir?«
»Meine Freunde, ich habe Schmerzen.«
»Warum hast du Schmerzen?«
Der Mann heulte: »Weil es so wehtut.«
»Und warum tut es dir so weh?«, fragten die Freunde.
»Oh, wie dumm ihr seid. Es tut mir weh, weil ich mir mit dieser großen Nadel durch die Hand gestochen habe!«
Die Nachbarn schüttelten den Kopf.
»Warum stichst du dir denn mit der Nadel in die Hand, wenn du weißt, dass es so wehtut?«
»Weil ich sonst nicht schreien und jammern könnte!«, antwortete der Mann und wimmerte in den höchsten Tönen.

Es geht darum, Distanz zu gewinnen zu den eigenen Problemen, zu den Konflikten, die wir haben. Wenn die Distanz verloren geht, dann kommt es leicht zu neurotischen Verhaltensweisen, mit denen man sich selbst schädigt. Es geht einem so wie dem Menschen, der ein Bild betrachtet, aber so nahe davorsteht, dass er es fast mit der Nase berührt. Er sieht lediglich einen kleinen Ausschnitt, aber diesen sehr genau. In welchem inhaltlichen und farblichen Zusammenhang dieser Ausschnitt steht, sieht er nicht. Er hat das Bild als Ganzes und damit dessen Bedeutung und Sinnzusammenhang aus den Augen verloren. *Klug, 86*

Es kommt darauf an, die richtige Distanz zu finden: zu den eigenen Problemen, zu sich selbst und zu anderen Menschen. *Klug, 86*

In der individuellen Entwicklung wie auch in partnerschaftlichen familiären Beziehungen durchläuft jeder Mensch drei Stadien: das Stadium der Verbundenheit, das Stadium der Differenzierung (Unterscheidung) und das Stadium der Ablösung. Sie strukturieren das zwischenmenschliche Zusammenleben. *Klug, 86*

Es kann eine Kluft entstehen zwischen den Erwartungen, die man gegenüber einem Menschen hat, und dessen Handlungen und Motiven. In diesem Sinne gehen sehr viele Probleme, die oft schwerwiegende Folgen haben, auf Missverständnisse zurück: Man vergisst, dass es auch andere Normen und Wertvorstellungen gibt als die eigenen. Man übersieht, dass ein Partner nicht zeit seines Lebens der Gleiche bleibt, sondern sich ebenso entwickelt wie man selbst. *Leben, 96*

Anregung:
Arthur Schopenhauer hat die soziale Bedeutung von
Nähe und Distanz in das Bild von den Stachelschweinen
gefasst, die sich in der Kälte aneinander wärmen wollten:
Kommen sie sich zu nahe, dann stechen sie sich gegen-
seitig mit ihren Stacheln, bleiben sie zu weit vonein-
ander entfernt, so profitieren sie nicht von der Wärme
der Nähe. Und so müssen sie immer wieder ausprobieren,
was der richtige Abstand ist. *Leben, 42f*

Für viele Menschen ist es leichter zu
leiden, als etwas zu ändern.

~

Die Eitelkeit eines Menschen ist
eines der Dinge, die seine
Intelligenz behindern.

Ordnung

**Ordnung bezeichnet die Fähigkeit,
das Chaos zu organisieren.**

Organisation ist das halbe Leben

*Zwei Freundinnen unterhalten sich. Die eine sagt: »Ich esse
so gerne selbst gebackenen Kuchen, aber leider komme ich
nie dazu, einen zu machen.« Ihre Freundin fragt nach dem
Grund.*
*»Ganz einfach«, ist die Antwort: „Kaufe ich Mehl, habe ich
keinen Zucker; kaufe ich Zucker, ist die Butter zu Ende; habe
ich Butter gekauft, dann fehlt mir was anderes.«*
»Gelingt es dir nie, alles zusammenzustellen?«
*»Das schon, aber dann bin ich selbst nicht zu Hause, um zu
backen.«* Leicht, 62f

Ordnung bezeichnet die Fähigkeit, die eigenen Wahr-
nehmungen und die der Umgebung zu organisieren
und zu gliedern. Sie orientiert sich an verschiedenen
Bezugssystemen. Leicht, 62

Verstandesgemäße, sachliche Ordnung: »Alles muss so
aufgeräumt sein, dass man es jederzeit finden kann.«

Traditionelle Ordnung: »Alles muss seine Reihenfolge
haben, und zwar so, wie man es von jeher gewohnt ist.«

Intuitive, fantasievolle Ordnung: »Für die Vase kommt nur ein Platz in Frage: die Ecke vor dem Wintergarten.«

Romantische Ordnung: »In einer sachlichen Atmosphäre kann ich nicht leben. Meine Umgebung muss eine gewisse Wärme ausstrahlen, und die kann ich nicht bei einer sterilen Ordnung empfinden.«

Äußere Ordnung: »Wenn die Gäste kommen, muss alles aufgeräumt sein.«

Innere Ordnung: »Es ist mir egal, wie ich äußerlich aussehe, es kommt darauf an, dass ich mich innerlich ausgeglichen fühle.« *Klug, 49f*

Auch der »unordentlichste« Mensch besitzt seine besondere Ordnung und seinen eigenen Ordnungssinn. Wir müssen lernen, ihn zu erkennen. Und selbst in scheinbar nebensächlichen Verhaltensweisen verbergen sich bestimmte Ausprägungen von Aktualfähigkeiten: die Mutter, die fortwährend an dem Sohn herumputzt (Sauberkeit); der Vater, der öfter auf die Uhr schaut (Pünktlichkeit/Zeit); die Großmutter, die mit Blicken versucht, das Benehmen der Kinder zu kontrollieren (Höflichkeit/Gehorsam); die Tochter, die sich in die Gespräche ihrer Eltern einmischt und dafür gerügt wird (Offenheit/Höflichkeit/Gehorsam). *Klug, 49f*

Die Ordnung wird über das Vorbild der Eltern, der näheren Umgebung und über Belohnung und Bestrafung gelernt. Die scheinbare Unordnung eines Kindes ist eine Stufe bei dem Versuch, die persönliche Welt zu organisieren. Grundfunktion der Ordnung ist das Differenzieren: Man gewinnt über sie eine bestimmte Beziehung und Vertrauen zu den Dingen. *Leicht, 62f*

Ordnung spielt in eine Reihe von Aktualfähigkeiten hinein: Pünktlichkeit ist eine Ordnung der Zeit, Höflichkeit und Ehrlichkeit eine Ordnung der zwischenmenschlichen Beziehungen und Fleiß eine Ordnung hinsichtlich des Arbeitsaufwandes. Da die Ordnung sich nicht nur auf Äußerlichkeiten beschränkt, sondern auch eng mit dem Erleben und dessen Organisation zusammenhängt, ist diese Aktualfähigkeit besonders gefühlsbetont. So kann ein zwanghafter Mensch, für den die zwanghafte Ordnung Selbstschutz darstellt, zusammenbrechen, wenn irgendetwas an dieser Ordnung verändert wird. *Leicht, 62f*

Wird Unordnung konsequent bestraft und peinlichste Ordnung belohnt, können sich Angst, Zwangshandlungen und Aggressionen – häufig verbunden mit psychosomatischen Beschwerden – einstellen: Die Unordnung, aber auch die Pedanterie eines anderen kann auf die Galle gehen. *Leicht, 62f*

Anregung:

Grobe Einteilungen (Makro-Ordnung) schaffen oft erst den notwendigen Überblick. Eine Kiste für die Dinge, die man zurzeit nicht braucht, verhindert das Chaos im Zimmer. Alles kommt an einen Platz. Man findet die Dinge dort, wo man sie hingelegt hat (Mikro-Ordnung). Das Kind braucht seine eigene Ordnung, vor allem im Spiel. Wenn Sie Ihrem Partner etwas wegnehmen, sagen Sie es ihm. Sie sparen sich und ihm Zeit und Ärger.

Leicht, 62f

Das Leben schafft Ordnung,
aber die Ordnung bringt
kein Leben hervor. *Wilhelm Busch*

Vom höchsten Ordnungssinn
ist nur ein Schritt zur Pedanterie.

Christian Morgenstern

87

Pünktlichkeit

**Pünktlichkeit bezeichnet die Fähigkeit,
mit Zeit sinnvoll umzugehen.**

Zeitgefühl

Zwei Freunde saßen in einer Kneipe. Als sie ihre letzte Flasche Wein bestellt und schon lange ausgetrunken hatten, saßen sie aber noch da, unterhielten sich und zeigten keine Absicht, das Lokal zu verlassen. Müde und erschöpft schaute der Wirt aus dem Fenster und sagte: »Es sieht nach Regen aus.« Als die Freunde das hörten, antworteten sie: »Dann ist es besser, wir warten, bis der Regen aufgehört hat.«
Nach einer Weile sagte der Wirt: »Eben hat es aufgehört zu regnen.« Darauf antworteten die Freunde: »Sehr gut, dann brauchen wir uns nicht zu beeilen!« Leicht, 54ff

Pünktlichkeit bezeichnet die Fähigkeit, eine erwartete oder vereinbarte Zeiteinteilung einzuhalten. Man unterscheidet passive (Anpassung an vorgegebene Zeiteinteilung) und aktive Pünktlichkeit (Erwartung, dass die anderen pünktlich sind). *Leicht, 54ff*

Umgekehrt können pedantische Pünktlichkeit und überspitzte Pünktlichkeitserwartung »auf die Nerven gehen«. Pünktlichkeit gerät dann zu einem Mittel der Bestrafung oder auch der Selbstbestrafung. *Leicht, 54f*

Anregung:
Wie wäre es, keine Termine zu geben und ohne Terminkalender zu leben? Jemandem ehrlich sagen, dass man keine Zeit hat, ist oft besser, als ihn warten zu lassen. Wenn jemand zu spät kommt, ist das mitunter noch besser, als wenn er gar nicht gekommen wäre. Motto: Schön, dass du trotzdem gekommen bist! *Leicht, 54ff*

Pünktlichkeit ist die Höflichkeit der Könige. Ein bisschen zu spät ist viel zu spät.

89

Sparsamkeit

Stress

Treue

Unterschiede

Verlangen und Wünsche

Sparsamkeit

Sparsamkeit bezeichnet die Fähigkeit, mit eigenen und anderen Ressourcen umzugehen.

Viel gespart

Ein älterer Geschäftsmann wurde schwer krank und war dem Tod sehr nahe. Ein erfahrener Arzt erklärte ihm, er brauche nur eine intensive Therapie, und verordnete ihm sehr teure Medikamente. Daraufhin rief der Kranke seine Frau zu sich und erkundigte sich bei ihr, wie viel eine Beerdigung kosten würde. Diese nannte ihm einen Betrag, der nicht so hoch war wie die Kosten der Behandlung. Der Geschäftsmann wandte sich daraufhin zu ihr und sagte: »Ich kann es mir nicht leisten, geheilt zu werden, es wäre besser, wenn du die Bettdecke über meinen Kopf ziehen würdest und mich sterben ließest, denn Sterben ist billiger.« Leicht, 93f

Sparsamkeit bezeichnet die Fähigkeit, mit Geld, Sachwerten, Fähigkeiten und Energien ökonomisch umzugehen. Extreme Sparsamkeit geht in Geiz über, das Gegenteil von Geiz ist Verschwendung.

Sparsamkeit mit ihren extremen Ausbildungsformen, dem Geiz und der Verschwendung, zielt auf Unabhängigkeit (man möchte über Geld und Dinge verfügen, um von anderen unabhängig zu sein), auf Macht (man häuft Güter an, um Macht anderen gegenüber auszuüben) und auf Liebesersatz (man versucht, durch Geld Freunde, emotionale Zuwendung und Liebe zu erkaufen). Das abgelehnte Kind versucht, sich durch Spielsachen und Süßigkeiten beliebt zu machen. Geltungsbedürftige Erwachsene versuchen, Anerkennung durch Großzügigkeit den Freunden gegenüber zu erwerben. *Leicht, 93f*

Ein Mann kommt von der Arbeit und sieht seine Frau, die gerade fünfzehn Kerzen auf einer Torte anzündet. »Hat jemand Geburtstag?«, fragt er überrascht. »Ja«, antwortet sie. »Mein Wintermantel wird heute fünfzehn Jahre alt.« *Leben, 89*

Anregung:
Es lohnt sich manchmal, sein eigenes Verhalten genauer zu betrachten, es mit dem anderer Menschen und Kulturen zu vergleichen: Was von meinem Besitz ist Teil meiner Einzigartigkeit, auf was kann und möchte ich nicht verzichten, und was davon ist eine Last, die mich und meinen Partner im Kontakt mit unserer Wirklichkeit behindert?

Wodurch haben wir im Verlauf unserer Entwicklung Besitz erworben, welche Bedeutung hat Besitz für mich, für meinen Partner, für andere Menschen und für mein Gewissen, und wie kann ich neue Lösungen und Kompromisse finden? *Leicht, 93f*

Geld nur auf ein Projekt zu setzen heißt Risiko spielen. Geld ausgeben kann verschiedene Ziele haben: für sich Geld ausgeben, für die Familie, für die Mitmenschen, für soziale Einrichtungen und für die Zukunft. Erst dann Geld ausgeben, wenn man die Einnahmen kennt; die Pläne mit der Familie besprechen. Jedem Familienmitglied Taschengeld gewähren. Man lernt: ausgeben und sparen. *Leicht, 93f*

Geld ist wie ein Metall, das sowohl gut
leitet als auch isoliert.

~

Wahrer Reichtum ist Genügsamkeit.
Weisheit heißt:
auf Unerreichbares verzichten!

~

Geld macht nicht glücklich, aber es
gestattet uns, auf verhältnismäßig
angenehme Weise unglücklich zu sein.

Stress

Stress bezeichnet einerseits die körperliche und geistige Anspannung, die zur Bewältigung besonderer Herausforderungen befähigt, andererseits die dadurch entstehende physische und psychische Belastung.

Nur die Schale

Eine verheiratete Frau hatte auf einer Reise einen anderen Mann kennengelernt und sich in ihn verliebt. Sie hatte mit ihm eine schöne Zeit verbracht. Wieder zu Hause, dachte sie ständig an ihren Liebhaber. Nichts erweckte mehr ihr Interesse. Ihr Ehemann war ihr gleichgültig wie die Wolken am Himmel. Sie langweilte sich. Vor Trauer und Langeweile hätte sie weinen mögen, befürchtete aber, ihre Tränen könnten sie und ihre geheimen Wünsche verraten. Wie unabsichtlich ließ sie am Abend eine kostbare Schale fallen. Die Schale zerbrach und die Frau fing so herzzerbrechend an zu weinen, dass ihr Mann ihr nicht böse sein konnte. Im Gegenteil, zusammen mit der Schwiegermutter tröstete er seine Frau und sagte: »Meine geliebte Frau, so schlimm ist es doch nun wieder nicht. Die Schale ist deine Tränen nicht wert.« Doch die Frau weinte sich ihre Langeweile und ihren Kummer vom Herzen. Leicht, 23ff

Wir alle befinden uns in einem Umfeld, in dem Probleme besonders gut zu gedeihen scheinen: Arbeitsdruck, Verantwortung, Engagement für Unternehmen und Mitarbeiter auf der einen – Familie, Freizeit, Erholung und sonstige soziale Kontakte auf der anderen Seite stehen einander oft entgegen. Die Folgen, manchmal als »Managerkrankheit« bezeichnet, bleiben sowohl im körperlichen als auch im psychischen Bereich nicht aus. Entsprechend dem orientalischen Motto »Wenn du eine hilfreiche Hand brauchst, so suche sie am Ende deines eigenen Armes!« sollte jeder zunächst seine eigenen Fähigkeiten und Selbsthilfepotenziale erkennen und aktivieren, um erfolgreich eine spezielle Störung zu beheben. *Leicht, 23ff*

Konzepte prägen als Spielregeln – ausgesprochen oder unausgesprochen – die zwischenmenschlichen Beziehungen. Zum Teil formuliert man seine Konzepte klar und deutlich und sagt: »Ordnung ist das halbe Leben.« Zum Teil lebt man sie, ohne sich ihrer bewusst zu werden. *Leicht, 23ff*

Das Aufeinandertreffen unterschiedlicher Konzepte ist für viele Menschen mit großen Schwierigkeiten verbunden. Sie haben nur gelernt, sich im Bezugsrahmen des eigenen Konzeptes auseinanderzusetzen. Kommt ein Konfliktpartner mit einem anderen Konzept, ergeht es ihm wie einem Schachspieler, dessen Partner nicht mehr nach den Regeln des Schachs, sondern nach denen des Damespiels vorgeht. Die Verbalisierung der Konzepte erfolgt über Konzept und Gegenkonzept und kann über den Ist-Wert und den Soll-Wert geprobt werden.

Aus Sicht der Positiven Psychotherapie kann jede Anpassung des Organismus an neue Situationen in diesem Sinn als Stress wirken. Vieles spricht sogar dafür, dass der Mensch ein Mindestmaß an Spannung und Stress braucht. Stress wird nicht von jedem gleich wahrgenommen. Für den einen wirken Leistungsanforderungen, für den anderen die Konfrontation mit Unordnung, Unhöflichkeit, Untreue oder betonter Pünktlichkeitsforderung als Stress. *Leicht, 23ff*

Es besteht immer eine Reihe anderer Beziehungen zum Partner als die zurzeit konfliktbesetzten. Es hat wenig Sinn, dem Partner vorzuschreiben, was er tun soll. Vielmehr sollte man seine Initiative anregen und Ziele gemeinsam weiterentwickeln. *Leben, 128*

Anregung:
Das Weiterdenken betrifft die drei Bereiche der menschlichen Persönlichkeit: Körper, Umwelt und Zeit. Man sitzt nicht nur hinter dem Schreibtisch, sondern geht spazieren oder treibt Sport; man opfert sich nicht nur für den Haushalt auf, sondern liest ein Buch oder besucht ein Konzert; man schränkt seine sozialen Beziehungen nicht ein, sondern lädt Freunde, und wenn es sein muss, auch deren Kinder mit zu sich ein; man lässt

ein Kind nicht nur Hausaufgaben machen, sondern spielt mit ihm, wenn möglich nicht immer dasselbe Spiel. Voraussetzung ist, dass man selbst oder der Partner gelernt hat, eigene Wünsche zu denken und auch auszusprechen. *Leben, 128*

Er musste erst mit dem Kopf
gegen die Bäume rennen, ehe er merkte,
dass er auf dem Holzweg war.

~

Lass dich nicht gehen,
gehe lieber selbst.

~

Glück ist, was du täglich tust.

~

Jeder will unbedingt etwas Großes
leisten, obwohl das Leben hauptsächlich
aus Kleinkram besteht.

Treue

**Treue bezeichnet die Fähigkeit,
sich vertrauenswürdig zu verhalten.**

Zwiespalt

*Jahrelang hatte ein Mann die Kirche nicht mehr besucht.
Nach fünfzehn Jahren besuchte er den Geistlichen und sagte:
»Als Sie mich mit meiner Frau vor fünfzehn Jahren vermähl-
ten, hat sie hundert Pfund gewogen. Heute wiegt sie hundert
Kilo. Ich möchte mich vergewissern, ob ich dem zweiten Zent-
ner auch die Treue versprochen habe.«* Hand, 20

Treue bezeichnet die Fähigkeit, eine feste Beziehung einzugehen und über eine längere Zeit hinweg aufrecht-
zuerhalten, sich vertrauenswürdig zu verhalten. Treue
im engeren Sinn, in der Partnerschaft, bezieht sich vor
allem auf die Sexualität. Die konventionelle Ehe basiert
auf Treue. Ein labiles Verhältnis zur Treue hat ebenso
lebensgeschichtliche Hintergründe wie eine bedingungs-
lose, naive Fixierung auf einen Partner. Treue gibt es aber
auch gegenüber Institutionen, Leitbildern oder Prinzipien (z. B. Verfassungstreue) und gegenüber sich selbst.

Die Beziehung eines Menschen zur Treue ist zu einem
wesentlichen Teil abhängig von den Erfahrungen, die er

mit seinen Eltern, seiner sozialen Umgebung, seiner Kultur und seiner Religion gemacht hat (Grundkonflikt). Aktuelle Lebenssituationen wie Beruf, zwischenmenschliche Beziehungen, Gesundheit und Zielvorstellungen spielen ebenfalls eine bedeutsame Rolle (Aktualkonflikt). Inhaltlich beziehen sich Grund- und Aktualkonflikt auf die Aktualfähigkeiten (Treue und Vertrauen, Treue und Kontakt, Treue und Sparsamkeit, Treue und Zeit, Treue und Ordnung etc.). *Leicht, 80ff*

Die Härte eines Neid- und Eifersuchtskrieges erinnert an zwei Ertrinkende, von denen sich jeder dadurch Luft verschaffen möchte, dass er, um selbst den Kopf über Wasser halten zu können, den anderen unter Wasser drückt. *Leben, 144*

Anregung:
Treue beginnt nicht mit der Eheschließung. Bereits die Partnerwahl hat mit Treue oder Untreue zu tun. Motto: Wählen Sie Ihren Partner so, dass Sie ihm treu sein wollen (Sex – Sexualität – Liebe). Sich für einen Partner entscheiden bringt meist weniger Probleme, als unentschieden zwischen zwei Partnern hin- und herzuschwanken, denen man beiden nicht wehtun möchte. Wenn Sie feststellen, dass Ihr Partner nicht zu Ihnen passt, trennen Sie sich erst, bevor Sie einen neuen Partner suchen. Dies ist ehrlicher dem Partner und Ihnen selbst gegenüber. *Leicht, 80ff*

Treue ist ein seltner Gast.
Halt ihn fest, wenn du ihn hast!

~

Treue üben ist Tugend,
Treue erfahren ist Glück. *Maria von Ebner-Eschenbach*

101

Unterschiede

Unterschiede bezeichnen Abweichungen im Vergleichbaren.

So ähnlich

Ein Gastgeber bewirtete seinen Besuch mit vielen Kostbarkeiten der orientalischen Küche. Als der Gast sich auf den Weg machen wollte, fragte ihn sein Gastgeber: »Wer bist du denn eigentlich, wie heißt du?«
Erstaunt fragte ihn der Gast: »Hast du mich nicht erkannt? Wieso und warum erhalte ich solchen gastfreundlichen Empfang?«
Darauf gab ihm der Gastgeber folgende Antwort: »Du hast einen Kaftan, genau wie meinen, und ich könnte schwören, dass du den gleichen Turban wie ich hast. Als ich dich sah, dachte ich, ich könnte schwören, es selbst zu sein. Zu mir bin ich großzügig.« Leben, 100

Im Abendland beobachten wir die Tendenz, die Offenheit besonders hervorzuheben, was zuweilen mit einer Vernachlässigung der Höflichkeit gegenüber dem Partner einhergeht. Anpassung und Dankbarkeit werden mitunter als Unterdrückung der eigenen Wünsche und Bedürfnisse, ja sogar der ganzen Persönlichkeit interpretiert. Sie werden losgelöst von der jeweiligen Situation betrachtet und führen daher oft zu Missverständnissen. *Klug, 104*

Im Orient besteht dagegen die Neigung, die Höflichkeit, die sich am Kontakt orientiert, zu betonen, wobei vielleicht die Offenheit vernachlässigt wird. Die mangelnde Offenheit wird jedoch nicht wie im Abendland als Beeinträchtigung der Persönlichkeit erlebt. *Klug, 104*

Beim Zusammentreffen von Menschen aus unterschiedlichen Kulturen und unterschiedlicher sozialer Herkunft entwickeln sich leicht Spannungen. Sie sind in der Regel darauf zurückzuführen, dass unterschiedliche Verhaltensmuster und verschiedene Erwartungen aufeinanderstoßen. *Klug, 104*

Man stelle sich vor, ein Partner habe gelernt, besonders auf Höflichkeit zu achten. Er wird versuchen, gegenüber dem Partner Aggressionen zu vermeiden, jedoch zugleich eine recht geringe Toleranz gegenüber dessen Unhöflichkeit entwickeln. Umgekehrt kann der Partner diese Haltung als heuchlerisch und unehrlich empfinden, da er gelernt hat, geradeheraus seine Meinung zu sagen. Allein dieses Wechselspiel zwischen den Partnern wird unter Umständen genug Zündstoff liefern, um die Partnerschaft auseinanderfallen zu lassen. *Klug, 104*

Es kommt also darauf an, zwischen dem »entweder – oder« eine Integration zu finden, Orient und Okzident miteinander zu vereinen. *Klug, 104*

Schon beim Aufschlagen der Tageszeitung überschreiten wir unseren engeren Lebensraum und nehmen Kontakt mit Problemen anderer Menschen auf, die aus anderen Kulturkreisen und -gruppen stammen. In der Regel verstehen wir diese Ereignisse dann so, wie wir es von uns und unserem Denken gewohnt sind, und wir sind leicht geneigt, die anderen wegen ihrer vermeintlichen Rückständigkeit, Naivität, Brutalität oder unverständlichen Sorglosigkeit zu kritisieren, zu belächeln oder gar zu verdammen. *Leben, 42*

Ähnlich wie jede Kultur ihre besonderen Normen und Wertvorstellungen hat, verfügt auch jede dieser Untergruppen über ihre kennzeichnenden Merkmale, bis hin zur Familie, in der beispielsweise Begriffe benutzt werden, die nur von den Familienmitgliedern verstanden werden können. *Leben, 42*

Wir müssen uns immer wieder klarmachen, dass keines dieser kulturellen Systeme für sich gut ist. Ihre Qualität erweist sich erst darin, wie sie sich für die Menschen auswirken, die in ihnen leben, und inwieweit ihre Spielregeln eine konstruktive Auseinandersetzung mit anderen soziokulturellen Systemen und ihren Angehörigen zulassen. *Leben, 92*

Der Zusammenhalt und Fortbestand einer Gesellschaft erhält sich über die Spielregeln, die ein Mensch in seiner Familie erworben hat. Gemeinsam geteilte Werte geben in einer Gesellschaft Orientierung. In diesem Spannungsfeld kulturspezifischer, weltanschaulich-religiöser und wissenschaftlicher Sinnangebote steht der einzelne Mensch. Er kann zwischen den Mühlsteinen miteinander konkurrierender Systeme zermahlen werden, wenn keines der Angebote eine hinreichende Möglichkeit bietet, sich mit ihm zu identifizieren. Doch er kann auch eine innere Freiheit entwickeln. Wir alle haben die Möglichkeit die Wirklichkeit zu verändern.

Leben, 30

Anregung:
Das Leistungssystem unserer Zivilisation, angefangen von der Schule bis zum Beruf, beruht auf dem Prinzip der Vergleichbarkeit. An die Stelle von Gerechtigkeit trat vielerorts die Uniformität der Gleichheit: in der Kleidung, den Beschäftigungsmöglichkeiten, der Wohnkultur, der Freizeitgestaltung und der Partnerwahl. Das ist Anlass genug, sich darüber Gedanken zu machen. *Leben, 114f*

Vergleicht man sich oder seinen Partner mit anderen, reicht es nicht aus, nur von einer einzigen Fähigkeit auszugehen. Vielmehr ist es nötig, die Einzigartigkeit eines Menschen mit ihren Bedingungen in den verschiedenen Bereichen einzubeziehen: Menschen, die man gleich behandelt, behandelt man ungleich. *Leben, 114f*

Unter den Menschen gibt es viele
Kopien und wenige Originale.
Andere Kulturen sind anders.

Verlangen und Wünsche

Verlangen und Wünsche bezeichnen den psychischen Antrieb zur Behebung eines Mangelerlebens, das Begehren und die Hoffnung zur Veränderung der Realität zur Erreichung eines Zieles.

Immer mehr

Auf dem Bauernhof waren viele Gänse, die täglich Eier legten. Zum Erstaunen des Bauern bereicherte ihn eine Gans jeden Tag mit einem goldenen Ei.
Damit begann er, Reichtümer zu häufen, und wurde immer gieriger. In seiner Besessenheit überlegte er, wie er an die Quelle des Reichtums gelangen könnte. Er dachte, der goldene Schatz sei im Bauch der Gans. So schnitt er der Gans den Bauch auf und fand zu seinem Entsetzen eine gewöhnliche Bauchhöhle.

Vieles, was wir zu besitzen meinen, verwalten wir nur. Das oftmals gestörte Verhältnis zu Sachen und Personen lässt sich an drei unterschiedlichen Typen verdeutlichen.
Leben, 129ff

Der Objekttyp: Er verwechselt Objekt und Subjekt. Er verhält sich den Menschen gegenüber so, als hätte er es mit Dingen zu tun, die man gebrauchen muss. Nur der Erfolg ist dabei wichtig. Der persönliche Wert eines Menschen gilt diesem Typ wenig; was zählt, ist sein Gegenwert. Er ist ein Rechner, dem es ziemlich gleich ist, womit er rechnet, mit Dingen, Produkten oder mit Menschen. Er ist somit die beste Karikatur des Politikers, dessen Charakter und Moral in der Politik allein deshalb nicht verderben können, weil er längst keine mehr zu verlieren hat. *Leben, 129ff*

Der Erfolgs- und Prestigetyp: Er lebt nach dem Motto: »Hast du was, dann bist du was!« Der Erfolg gilt als einziger Maßstab des persönlichen Wertes; kein anderer Wert als der des Erfolges und des Prestiges scheint akzeptierbar. *Leben, 129ff*

Der Perfektionist: Ihn kennzeichnet eine extreme Überbetonung von Sparsamkeit, Zuverlässigkeit, Ordnung, Pünktlichkeit, Gewissenhaftigkeit. Er hat Angst vor Fehlern und daraus folgenden Frustrationen, die er vermeiden will. Das Bestreben nach Vollkommenheit oder in der sozialen Situation, im Konkurrenzkampf das unbedingte Bedürfnis, den erreichten Status zu verteidigen und immer mehr zu erreichen, bilden bei den erfolgsorientierten Perfektionisten das Hauptmotiv. Entsteht im Netz der Beschäftigung das Loch der Freizeit, taucht häufig abrupt die Frage nach dem Sinn oder Unsinn der Arbeit und des Lebens auf. *Leben, 129ff*

Während der erfolgsorientierte Perfektionist zum offenen Konkurrenzkampf neigt, sucht der ängstliche, seine Position durch Neid und Missgunst zu verteidigen. Er kommt eher als seine Kollegen zum Arbeitsplatz, tut so, als sei er mit seiner Arbeit beschäftigt, registriert aber genauer als eine Stechuhr die Pünktlichkeit seiner Kollegen.

Das Tragische an seiner Rolle ist, dass er durch diese Tätigkeit nicht etwa Ansehen und Freunde gewinnt, sondern auf die Dauer Misstrauen und Ablehnung erntet.

Leben, 129ff

Wir stoßen immer wieder auf eigene Unvollkommenheiten. Zwischen Wunsch und Erfüllung besteht immer eine Kluft. Das gilt auch für die Partnerwahl. Man trifft auch auf die Schwächen des Partners: Er ist nicht so wie das Wunschbild, das man sich von ihm gemacht hat. Die Unerreichbarkeit des Ideals wird zur Quelle innerer Unruhe. So soll die Freundin oder der Freund nebenher bestätigen, dass man eigentlich gut genug für einen besseren Partner wäre. Dieser Vorgehensweise, die zunächst eine emotionale Entlastung bedeutet und keine Entscheidung erfordert, droht die Gefahr, Möglichkeiten und Chancen in der Zukunft zu verpassen.

Klug, 39f

So heiratet man nach mehrjährigem Zusammenleben den Partner, obwohl man noch nie ganz mit ihm zufrieden war, um den Risiken einer neuen Bekanntschaft und Partnerschaft aus dem Weg zu gehen. Man trennt sich nicht von einem Mitarbeiter, der nicht zur vollen Zufriedenheit arbeitet, aus Angst vor dem, was danach kommt. Die Beispiele lassen sich beliebig fortsetzen: Man erweitert nicht seinen Bekanntenkreis, fährt immer an den gleichen Urlaubsort, ist nicht bereit umzuziehen, fremde Länder und andere Kulturen mit ihren neuen Eigenarten zu besuchen oder andere politische Richtungen bzw. weltanschauliche Systeme kennenzulernen. *Klug, 39f*

Reichtum gewinnt häufig ein eigentümliches Eigenleben, sei es als Prestige, das er vermittelt, als Rollenverhalten, das er fordert, als Exklusivität, die er verleiht, oder als quasi calvinistische Ethik, nach der Reichtum gepflegt und in seiner Entwicklung gefördert werden muss wie ein Kind. Dabei bildet sich ein Bruch zwischen der Persönlichkeit des Menschen, seiner Emotionalität, Offenheit und Ansprechbarkeit und dem Charakterpanzer, der ihm seine gesellschaftliche oder ökonomische Stellung auferlegt. *Klug, 38*

Anregung:
Der Esel eines Bauern war gestorben, und so musste der Bauer jeden Tag seine Ware selbst auf seinem Rücken zum Markt tragen.
Der Fürst erfuhr von dem Verlust des Esels und sagte zu dem Bauern: »Ich möchte dir gern einen Gefallen tun und dir etwas schenken. Überleg' mal, was du wäh-

len möchtest. Willst du Geld oder einen Esel oder lieber ein Schaf oder auch ein Feld, um dir dein jetziges Leid zu erleichtern?«

Der Bauer sagte: »Gib mir das Geld, um es in meine Tasche zu stecken und auf dem geschenkten Esel zu reiten. Dann bin ich in der Lage die Schafe, die ich durch deine Großzügigkeit erhalten habe, in Richtung des Feldes zu führen, und ein Leben lang werde ich dir meine Dankbarkeit erweisen.«

Seine Antwort erfreute und erheiterte den Fürsten so sehr, dass er dem Bauern alle seine Wünsche erfüllte.

Leben, 40f

Die Geschichte kann viele Anregungen geben, über die eigenen Wünsche an das Leben nachzudenken, darüber, was einem wirklich wichtig ist. *Leben, 40f*

> Versuche nicht, mit den Fingern der Habgier ein Loch in das Kleid des guten Namens des anderen zu bohren, denn ist dieser Stoff einmal zerrissen, ist er nicht mehr zu stopfen.

111

Vertrauen

Zeit

Zuverlässigkeit

Zweifel

Vertrauen

Vertrauen bezeichnet die Fähigkeit, sich geborgen zu fühlen und Geborgenheit zu geben.

Motivierend vorangehen

Ein Feldherr marschierte mit seiner Truppe. Die Wasserreserven waren zu Ende und die Truppe war nicht in der Lage, neues Trinkwasser zu finden. Die Männer waren fürchterlich durstig. Der erfahrene Feldherr sagte: »Ich kenne ein Gebiet voll von Pflaumenbäumen in unmittelbarer Nähe. Ihr werdet unzählige Pflaumen pflücken. Die Früchte sind sauer und haben eine Spur von Süßgeschmack an sich. Sie sind ausgezeichnet geeignet, um Durst zu löschen.«
Bei diesen Worten lief den Männern das Wasser im Mund zusammen, und die Truppe konnte weitergehen. Leicht, 127

Vertrauen bezeichnet die Fähigkeit, sich auf jemanden verlassen zu können und sich bei ihm geborgen zu fühlen. Zutrauen ist die Fähigkeit, sich auf bestimmte Leistungen und Eigenschaften verlassen zu können und diese zu erwarten. Das Vertrauen entsteht zunächst auf dem Boden der primären Fähigkeiten und der Liebesfähigkeit und bezieht die ganze Person, mitunter die gesamte Umwelt in ein Vertrauensverhältnis ein. Leicht, 127

Vertrauen berücksichtigt die Zukunft eines Menschen, sie führt zu einem Zutrauen gegenüber den besonderen Fähigkeiten, die er besitzt oder die man von ihm erwartet. Aus dem bestätigten Zutrauen, also daraus, wie sich die Fähigkeiten in Bezug auf die gestellten Erwartungen entwickeln, resultiert ein Vertrauen auf den Menschen als Ganzes: Das Vertrauen hängt nicht nur von den Einzelerfahrungen mit einem bestimmten Menschen ab, sondern von der Gesamtheit der Erfahrungen, die seine Bezugsperson in ihrer Lebensgeschichte gemacht hat. Gerade diese Vorerfahrungen setzen umso mehr voraus, dass die Einzigartigkeit eines Menschen angenommen und in der Struktur der Erwartungen berücksichtigt wird. *Leicht, 127*

Neben diesem Vertrauen, das sich Schritt für Schritt aus dem bestätigten Zutrauen entwickelt, gibt es ein Vertrauen, das noch ursprünglichen Charakter besitzt. Es findet sich oft in ausgeprägter Form in dem Mutter-Kind-Verhältnis: Ich vertraue dir, weil du da bist. Das spätere Selbstvertrauen spiegelt das Vertrauen wider, das andere einem entgegengebracht haben. *Leicht, 127*

Anregung:
Statt Misstrauen mehr Genauigkeit und Ehrlichkeit. Auf welche Eigenschaften, welche Personen und welche Gruppen bezieht sich das Vertrauen, Zutrauen oder Misstrauen? Wie entstand das Misstrauen, durch Enttäuschung oder Nachahmung? *Leicht, 127*

Ich glaube an die Bedeutung
gegenseitigen Vertrauens und daran,
dass man mit sich selbst und anderen
so ehrlich wie möglich sein soll.
Die Unehrlichkeit führt zu
schrecklichen Komplikationen. *Yehudi Menuhin*

~

Sei nicht jedermanns Freund
und Vertrauter. *Adolph Freiherr von Knigge*

~

Wo das Vertrauen fehlt,
spricht der Verdacht. *Lao Tse*

Zeit

Zeit bezeichnet die Fähigkeit, Vergangenheit, Gegenwart und Zukunft einzuordnen.

Die Zeiten ändern sich

Ein Esel, der mit Salz beladen war, musste durch einen Fluss waten. Er fiel hin und blieb einige Augenblicke in der kühlen Flut liegen. Beim Aufstehen fühlte er sich um einen großen Teil seiner Last erleichtert, weil das Salz im Wasser geschmolzen war. Langohr merkte sich diesen Vorteil und wandte ihn gleich am folgenden Tage an, als er, mit Schwämmen belastet, wieder durch denselben Fluss ging. Diesmal fiel er absichtlich nieder, sah sich aber arg getäuscht. Die Schwämme hatten nämlich das Wasser aufgesogen und waren bedeutend schwerer als vorher. Die Last war so groß, dass er ihr erlag. Leicht, 115f

Zeit bezieht sich auf die Fähigkeit, den Zeitablauf zu gestalten und eine ausgeglichene Beziehung zur Vergangenheit, Gegenwart und Zukunft aufzunehmen. Dies kann passiv geschehen, indem Zeiteinteilungen und Zeitgestaltungen übernommen werden, und aktiv durch die Gliederung der Zeit nach einem persönlichen Konzept. Bereits von der frühen Kindheit an lernt das Kind, ob es selber etwas mit der Zeit anfangen, wie es sie gestalten kann, oder ob es passiv allem Geschehen ausgesetzt ist.

Leicht, 115f

Zeit heißt, dem anderen in seiner Entwicklung Zeit zu lassen, meint aber auch, ihm in geeignetem Maße und in hinreichender Qualität Zeit, sprich Zuwendung, zu geben. *Leicht, 115f*

In der Gegenwart leben und handeln wir. Zur Zukunft hingezogen zu sein aber ist das Wesen der Fantasie. Die Fähigkeit der Fantasie bringt es mit sich, dass man ein Risiko trägt, den Schritt hinaus in das Unbekannte wagt, die Last des Zweifels auf die Schultern nimmt und doch immer in der Hoffnung lebt, irgendwo eine neue Fähigkeit oder Grenze (die ebenfalls Teil der eigenen Wirklichkeit ist) zu entdecken. Gäbe es keine Neugier der Fantasie, gäbe es keinen Zweifel und keine Angst; ohne Zweifel und Angst jedoch gäbe es keine Entwicklung und keinen Fortschritt und auch keine Selbstfindung des Menschen. *Leben, 179*

Die Zukunft ist offen – und das bedeutet auch, sich nicht auf die Schwierigkeiten und Probleme des Lebens zu fixieren. Wir kennen ja auch die kranken Menschen, die noch im Angesicht des Todes fähig sind, zu scherzen und ihre Mitmenschen zu trösten. Sie stellen nicht ihr Leiden ins Zentrum, sondern sie stellen Verbundenheit her – zum Leben, aber auch zu dem, was über das Leben hinausgeht. *Leben, 174*

Anregung:
Sich vorher überlegen, was man mit seiner Zeit anfangen möchte; mit dem Partner oder der Familie darüber sprechen. Durch Planung können Sie Störungen vermeiden. Mit den Überraschungen, die trotzdem auftreten, müssen wir fertig werden. Feststellen, was dringlich und weniger dringlich ist; nacheinander aufarbeiten. Wofür sich Zeit nehmen: für sich, für den Partner, die Familie, sozialen Kontakt, Beruf, Weltanschauung/ Religion.

Leicht, 115f

Zukunft, das ist die Zeit, in der du bereust, was du heute tun kannst und nicht getan hast.

—

Es ist nicht wenig Zeit, die wir haben, sondern es ist die Zeit, die wir nicht nützen.

—

Ein Mittel taugt nicht für alle Fälle.

Zuverlässigkeit

**Zuverlässigkeit bezeichnet die Fähigkeit,
sich auf sich selbst und andere verlassen zu können.**

Kein Ersatz

*In einigen Universitäten in England gibt es eine Sitte: Wenn
der Dozent sich länger als zehn Minuten verspätet, verlassen
die Studenten den Raum. An einem Tag wusste der Professor, dass er sich heute verspäten würde. Er wollte aber nicht,
dass die Studenten weggingen, legte deshalb seinen Hut auf
den Schreibtisch und verließ den Raum. Nach einer Viertelstunde kam er zurück und wunderte sich, dass der Raum
leer steht. Am nächsten Tag fragte er die Studenten, warum
sie alle weggegangen seien, obwohl sein Hut als sein Vertreter
da gewesen sei? Zwei Tage später, der Dozent erscheint rechtzeitig zur Vorlesung, ist der Raum leer, aber auf jedem Sitz
liegt ein Hut. Auf der Tafel ist zu lesen: »Unsere Vertreter
sind bereits da!«* Leicht, 97

Von Zuverlässigkeit sprechen wir, wenn wir uns auf einen
Menschen verlassen können. Er wird auch in unserer
Abwesenheit eine Aufgabe in der vereinbarten Art erfüllen und unsere Erwartungen nicht enttäuschen.
Genauigkeit bedeutet, dass eine Aufgabe wie vorgeschrieben erledigt wird. *Leicht, 97ff*

Zuverlässigkeit und Vertrauenswürdigkeit gehören zu den Eigenschaften, die grundlegende Bedeutung für die zwischenmenschlichen Beziehungen besitzen. Sie schaffen eine Atmosphäre der Sicherheit, Freundschaft und Freiheit. Kontrapunkte der Zuverlässigkeit sehen wir einerseits im starren Festhalten an einem einmal gegebenen Wort oder an einer Gewohnheit (was oft mit Treue verwechselt wird), andererseits in der Unzuverlässigkeit, die der Partner als Unberechenbarkeit und Charakterschwäche registriert. Ebenso kann Genauigkeit in zwei entgegengesetzte Extreme ausarten: zum einen zwanghafte Pedanterie und Grübelei. Zum anderen die bedenkenlose »Schlamperei« (die Genauigkeit schwankt haltlos und je nach Laune). *Leicht, 97ff*

Zuverlässigkeit, Genauigkeit und Gewissenhaftigkeit sind drei komplexe Verhaltensbereiche, die sich aus der Erziehungssituation heraus entwickeln. Die Zuverlässigkeit eines Menschen gibt zumeist die Haltung wieder, die seine Bezugspersonen ihm gegenüber gezeigt hatten. *Leicht, 97ff*

Anregung:
Zuverlässigkeit und selbstständige Arbeit wurden nicht in ausreichendem Maße gelernt, große Aufgaben stellen eine Überforderung dar, deshalb kleine Aufgaben geben, häufigere Kontrollschritte. Man hat es gelernt, bestimmte Tätigkeiten zu perfektionieren, andere Bereiche werden dabei vernachlässigt: langsam neue Bereiche, vor allem

aus den primären Fähigkeiten, erschließen. Zuverlässigkeit und Genauigkeit treten nur vorübergehend auf:
Kontaktbestrebungen werden mit einem Absolutheits-
anspruch vertreten, um bald wieder aufgegeben zu
werden; z. B.: Ein Freund ruft an, möchte sich sofort
treffen. Das Termindiktat nicht übernehmen, sondern
einen eigenen Vorschlag machen. *Leicht, 97ff*

*Habt ihr Acht gegeben, was für
Menschen am meisten Wert auf strengste
Gewissenhaftigkeit legen?
Die, welche sich vieler erbärmlicher
Empfindungen bewusst sind,
ängstlich von sich und an sich denken
und Angst vor andren haben.* Friedrich Nietzsche

Zweifel

**Zweifel bezeichnet die Fähigkeit,
den Glauben in Frage zu stellen.**

Sich zurechtfinden

*Ein Mechaniker saß gemütlich in einer Kneipe und trank
sein viertes Glas Wein. In diesem Augenblick platzte ein
Mann herein und sagte zu ihm: »Deine Frau liegt im Sterben!
Beeile dich! Die Arme: Als sie auf eine Leiter kletterte, um die
vollen Marmeladengläser auf den Schrank zu stellen, ist sie
heruntergefallen, und jetzt liegt sie in den letzten Atemzügen!«
Der Mechaniker warf sein Glas um und rannte nach Hause.
Unterwegs sprach er zu sich: »Ich verstehe nicht – auf welchen
Schrank? Wir haben gar keinen Schrank! Was für Mar-
melade? Ich kann mich nicht erinnern, dass wir jemals Mar-
melade gekocht hätten. Woher kommt die Leiter in unsere
Wohnung? Wir haben keine Leiter!« Plötzlich ist er stehen
geblieben – laut sagte er zu sich: »Welche Frau! Ich habe doch
keine Frau!!!«* Leicht, 138f

Zweifel bezeichnet die Fähigkeit, einen Glauben in Frage
zu stellen, Unterscheidungen zu treffen und Inhalte
gegeneinander abzuwägen. Die Funktion des Zweifels,
die sich auf einzelne Aktualfähigkeiten und weniger
auf die gesamte Persönlichkeit bezieht, wird im Umgang

mit den Bezugspersonen gelernt. Den Zweifel kennzeichnet eine verzerrte Zeit-Dimension, die sich als Missverhältnis von Entwicklungszeit des Kindes und Erwartungszeit der Bezugsperson darstellt. In dem Maße, in dem die Bezugsperson in der Lage ist, das kindliche Verhalten in dem großen Rahmen seiner Entwicklungszeit zu sehen, werden der Zweifel und die mit ihm verbundenen Ängste und Aggressionen der Bezugspersonen kanalisiert. *Leicht, 138f*

Der Zustand des Hin- und Herschwankens, auch eine nur vorübergehende Orientierungslosigkeit, erscheint für manche Menschen so erschreckend, dass sie das andere Extrem wählen. Um sich vor Zweifeln – sprich: vor dem Zustande der Verzweiflung – zu schützen, flüchten sie sich in Starrheit, die sie dann noch für Charakterfestigkeit und Treue halten. Um das Verhalten nicht ändern zu müssen, werden Informationen, welche den Zweifel verstärken könnten, nicht zur Kenntnis genommen. Man setzt sich erst gar nicht auseinander, damit die eigene Position nicht gefährdet wird. *Leicht, 138f*

Anregung:
Zweifel ist nicht bloß als Schwäche zu werten, sondern ist eine wesentliche Funktion einer zeitgemäßen Realitätskontrolle. Zweifeln Sie an sich, dem Partner, an der Welt oder an einzelnen Eigenschaften, die mit Ihrem Anspruch nicht mehr verträglich sind? *Leicht, 138f*

Mit dem Wissen wächst
der Zweifel. *Johann Wolfgang von Goethe*

Zweifel ist der beste Anfang. *René Descartes*

Der Schwache zweifelt vor der Entscheidung, der Starke hinterher. *Karl Kraus*

Quellenverzeichnis

Nossrat Peseschkian, *Klug ist jeder. Der eine vorher, der andere nachher. Geschichten und Lebensweisheiten.*
© Verlag Herder, Freiburg im Breisgau, 2003. *(= Klug)*

Nossrat Peseschkian, *Das Leben ist ein Paradies, zu dem wir den Schlüssel finden können.*
© Verlag Herder, Freiburg im Breisgau, 2004. *(= Leben)*

Nossrat Peseschkian, *Es ist leicht, das Leben schwer zu nehmen. Aber schwer, es leicht zu nehmen. Geschichten und Lebensweisheiten.*
© Verlag Herder, Freiburg im Breisgau, 2003. *(= Leicht)*

Nossrat Peseschkian, *Wenn du willst, was du noch nie gehabt hast, dann tu, was du noch nie getan hast. Geschichten und Lebensweisheiten.*
© Verlag Herder, Freiburg im Breisgau, 2002. *(= Wenn)*

Im Verlag Herder sind erschienen:

ISBN 978-3-451-30632-7

ISBN 978-3-451-30631-0

ISBN 978-3-451-30634-1

ISBN 978-3-451-30633-4